技术调查手记

案说专利侵权

国家知识产权局专利局专利审查协作广东中心 ◎组织编写

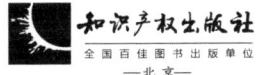
全国百佳图书出版单位
—北京—

图书在版编目（CIP）数据

技术调查手记：案说专利侵权／国家知识产权局专利局专利审查协作广东中心组织编写. -- 北京：知识产权出版社, 2025.9. -- ISBN 978-7-5245-0011-7

Ⅰ．D923.425

中国国家版本馆 CIP 数据核字第 2025HQ0246 号

内容提要

本书以真实案例为基础，从技术调查的角度解析专利侵权判定，在实践中分析总结专利纠纷的症结和审判要点，以独特视角诠释专利侵权应对法则，为专利权人解决专利纠纷提供思路和启迪，也可为业内相关从业人员提供参考。

责任编辑：刘晓琳 责任校对：谷 洋
封面设计：杨杨工作室·张 冀 责任印制：刘译文

技术调查手记：案说专利侵权

国家知识产权局专利局专利审查协作广东中心 组织编写

出版发行：	知识产权出版社有限责任公司	网　址：	http://www.ipph.cn
社　址：	北京市海淀区气象路 50 号院	邮　编：	100081
责编电话：	010-82000860 转 8133	责编邮箱：	191985408@qq.com
发行电话：	010-82000860 转 8101/8102	发行传真：	010-82000893/82005070/82000270
印　刷：	三河市国英印务有限公司	经　销：	新华书店、各大网上书店及相关专业书店
开　本：	720mm×1000mm　1/16	印　张：	14.5
版　次：	2025 年 9 月第 1 版	印　次：	2025 年 9 月第 1 次印刷
字　数：	240 千字	定　价：	98.00 元
ISBN 978-7-5245-0011-7			

出版权专有　侵权必究
如有印装质量问题，本社负责调换。

本 书 编 写 组

孙孟相　主要执笔第一章，参与第二章撰写，约 5.5 万字。

武　剑　参与第四章撰写，约 5.5 万字。

王黎明　参与第二章、第三章和第四章撰写，约 5.1 万字。

张正华　参与第二章、第三章和第四章撰写，约 3.2 万字。

狄文桥　参与第三章和第四章撰写，约 2.3 万字。

萧金仪　主要执笔第五章，参与第二章和第四章撰写，约 2.4 万字。

前 言
PREFACE

在知识经济时代,知识产权已成为国家竞争力的核心要素之一。专利作为知识产权的重要组成部分,不仅是创新成果的法律保障,也是推动科技进步和经济社会发展的重要动力。然而,伴随科技创新节奏的不断加快以及市场竞争的日益白热化,专利侵权问题愈发凸显,给创新主体维护自身合法权益带来了诸多棘手难题。

中共中央办公厅、国务院办公厅于2019年11月11日印发的《关于强化知识产权保护的意见》(中办发〔2019〕56号)指出,加强专业技术支撑,在知识产权行政执法案件处理和司法活动中引入技术调查官制度,协助行政执法部门、司法部门准确高效认定技术事实。作为国家知识产权局专利局直属的专业机构,国家知识产权局专利局专利审查协作广东中心在多年的工作实践中,在专利侵权判定领域,参与了大量实际案件的技术调查和技术咨询工作,不仅为司法和行政部门提供了有力的技术支持,也为权利人和被控侵权方提供了公正、专业的意见。

然而,专利侵权判定绝非简单的法律条文套用,其核心在于精准厘清技术事实。若无法清晰界定专利保护范围对应的技术边界,则不能精准比对被控侵权客体与专利技术特征的异同,侵权判定便犹如无本之木、无源之水。

基于对技术调查与专利侵权判定关系的思考,本书围绕专利侵权判定的全流程认知与实践,解析了专利侵权的构成要件,阐释了技术调查的操作流程,并结合实际案例,深度解读等同原则、禁止反悔原则等在实践中的具体适用场景。另外,从权利方与被控侵权方两个维度介绍专利侵权应对策略与重点，强化前置风险防控意识，提倡被动维权不如主动布局。

衷心期望本书能够成为读者在专利侵权判定领域的得力助手与实用指南，助力权利人更好地守护创新成果，共同维护公平竞争的市场环境，携手为构建公正、高效、透明的知识产权保护体系贡献力量，积极响应国家知识产权强国建设的伟大号召，为推动经济社会高质量发展注入强劲动力。

最后，编写组成员深知，专利侵权判定技术调查工作正处于持续发展与完善的进程中，本书内容仅是阶段性实践成果的总结，若存在疏漏或不足之处，恳请广大读者批评指正。

目录

第一章 揭开专利侵权的面纱 …………………………………… 001

 第一节 专利,创新的守护神 …………………………………… 003
  一、专利的奥秘 /003
  二、专利的力量 /004
  三、专利与创新的交响 /006

 第二节 专利侵权的迷雾 …………………………………… 009
  一、专利侵权是怎么回事 /009
  二、专利侵权的解决之道 /012
  三、专利侵权的预防与管理 /016

 第三节 专利侵权判定的艺术 …………………………………… 020
  一、专利侵权判定是什么 /020
  二、专利侵权怎么判定 /022
  三、专利侵权判定是个技术活 /025

第二章 技术调查的探秘之旅……029

第一节 技术调查的起点……031
一、技术调查的基本概念 /031
二、技术调查的起源和发展 /033
三、专利审查员是天然的技术调查官 /038

第二节 技术调查实战指南……042
一、技术调查的基本流程 /042
二、法院和行政机关技术调查的差异 /046
三、发明/实用新型专利权利要求保护范围的界定 /048
四、外观设计专利权利要求保护范围的界定 /051

第三章 专利侵权判定的章法……057

第一节 发明/实用新型专利侵权判定的基本原则……059
一、全面覆盖原则 /059
二、等同原则 /062
三、禁止反悔原则 /064
四、捐献原则 /066
五、现有技术抗辩原则 /069
六、先用权抗辩原则 /070
七、无效抗辩原则 /072

第二节 外观设计专利侵权判定的基本方法……075
一、侵权行为认定涉及的主客体 /075
二、侵权判定方法 /077
三、设计空间在侵权判定中的考量 /080
四、外观设计专利的不侵权抗辩 /083

第四章　侵权判定案例中的智慧 ········· 087

第一节　发明/实用新型专利侵权判定案例 ········· 089
一、适用全面覆盖原则的典型案例　/089
二、适用等同原则的典型案例　/103
三、适用禁止反悔原则的典型案例　/133
四、适用捐献原则的典型案例　/143
五、适用现有技术抗辩原则的典型案例　/152
六、适用先用权抗辩原则的典型案例　/160
七、适用无效抗辩原则的典型案例　/169

第二节　外观设计专利侵权判定典型案例 ········· 177
一、常见的侵权判定类型　/177
二、行政裁决和司法审判中的典型案例详解　/181
三、中国进出口商品交易会外观设计专利
　　侵权典型案例详解　/193

第五章　专利侵权的攻防策略 ········· 203

第一节　侵权判定的核心：技术特征与法律要件 ········· 205
一、技术特征的精准拆解　/205
二、法律要件的严格论证　/206

第二节　权利人的维权路径：从防御到进攻的策略 ········· 208
一、构建不可推翻的证据链　/208
二、专利稳定性强化　/209
三、最大化维权收益　/209
四、强化专利质量与审查协同　/210

第三节　被控侵权人的防御矩阵：从被动应诉到
　　　　　主动破局 ········· 211
一、风险诊断与证据反制　/211

二、技术事实重构　/212

　　三、复合抗辩策略　/213

　　四、技术防御与审查程序结合　/213

第四节　**程序博弈与执行威慑：诉讼战场的攻防艺术** …… 215

　　一、权利人的程序加速器　/215

　　二、被控侵权人的程序狙击术　/216

第五节　**从危机管理到价值创造：知识产权全流程**

　　　　管理体系构建 …………………………………… 218

　　一、立项研发阶段的风险防控与布局　/218

　　二、成果保护与转化路径设计　/219

　　三、全生命周期风险防控机制　/219

第一章

揭开专利侵权的面纱

第一节 专利,创新的守护神

一、专利的奥秘

1. 专利的定义

专利,从字面上是指专有的权利和利益。

中国古籍中曾出现过"专利"一词。例如,《左传·哀公十六年》中记载:"若将专利以倾王室,不顾楚国,有死不能。"《史记·周本纪》中记载:"夫荣公好专利而不知大难。"在这些古籍中,"专利"具有"专谋私利"的含义。

现代人所说的"专利"一词,事实上来源于拉丁语 Litterae patentes,意为公开的信件或公共文献,是中世纪的君主用来颁布某种特权的证明,后来指英国国王亲自签署的独占权利证书。

在现代,专利一般是由政府机关或者代表若干国家的区域性组织,根据申请而发布的一种文件。这种文件记载了发明创造的内容,并且在一定时期内产生这样一种法律状态——即获得专利的发明创造在一般情况下他人只有经专利权人许可才能予以实施。

2. 专利的类型

在中国,专利分为三种类型:发明专利、实用新型专利和外观设计专利。每种类型都有其独特的应用场景和特点。

发明专利,是指对产品、方法或者其改进所提出的新的技术方案。这类专利要求具有新颖性、创造性和实用性,也就是说,发明专利必须是前所未有的，并且要有实际应用价值。获得发明专利的过程相对复杂，但它的保护期长达 20 年，为创新者提供了强有力的保障。

实用新型专利，是指对产品的形状、构造或者其结合所提出的适于实用的新的技术方案。虽然它的创新程度低于发明专利，但审查周期较短。这对于那些希望快速获得法律保护的小型创新主体来说，是一个不错的选择。

外观设计专利，是指对产品的整体或者局部的形状、图案或者其结合以及色彩与形状、图案的结合所作出的富有美感并适于工业应用的新设计。外观设计专利不仅关注产品的功能，还注重其外观的美观性和独特性。这类专利同样重要，因为它能确保设计师的辛勤劳动得到应有的保护。

3. 专利的申请与审批

申请发明专利或者实用新型专利的，应当提交请求书、说明书及其摘要和权利要求书等文件。申请外观设计专利的，应当提交请求书、该外观设计的图片或者照片以及对该外观设计的简要说明等文件。国务院专利行政部门收到专利申请后，会经过公布、审查等多个程序，根据《专利法》的规定，作出授予专利权的决定或是予以驳回。申请人获得的专利权将在一段时间内生效，通常发明专利的保护期为 20 年，实用新型专利和外观设计专利的保护期分别为 10 年和 15 年。

4. 专利权的界限

专利权并非无限制，它受到地域和时间的约束。专利权只在授予专利的国家或地区有效，这意味着即便你在中国获得了专利，但在美国或其他国家，这项专利并不受保护。此外，一旦超过规定的保护期限，专利就会进入公共领域，任何人都可以自由使用。这就像是一个临时的特权，过了有效期，这项发明就会成为全人类共享的知识财富。

二、专利的力量

专利不仅是一纸法律文件，它更是创新者手中的盾牌和剑，既能保护创新成果，又能推动技术的进步和社会的发展。专利制度通过激励创新、促进技术传播、提升创新主体竞争力、创造经济价值、推动国际合作以及促进社会文化发展，为我们的生活带来更多的可能性和机遇。专利不仅是一项法律工具，更是一种文化现象，它承载着人类对美好生活的向往和追求。

让我们通过几个生动的例子来看看专利到底有哪些作用。

1. 激励与保护创新

专利就像一道坚实的保护墙，保护创新成果不受侵犯。

史蒂夫·乔布斯和他的团队在推出 iPhone 时，面临巨大的市场竞争。苹果公司通过专利保护，不仅确保了自己在智能手机领域的领先地位，还激励了其他公司投入更多的资源进行创新。如果没有专利保护，苹果公司的创新成果可能会被迅速复制，失去竞争优势。

2. 促进技术传播与合作

专利不仅保护创新，还促进技术的传播与合作。当一项专利被公开，其他研究人员和创新主体便可以从中学到新的技术，进一步推动整个行业的进步。

特斯拉公司曾经公开了其电动汽车的多项专利，希望能够推动电动汽车技术的发展。虽然这看起来似乎是在放弃一部分商业利益，但实际上，特斯拉公司通过这种方式促进了技术的快速普及，让更多的人受益于技术创新。

3. 提升创新主体竞争力

专利是创新主体竞争力的重要组成部分。拥有关键专利的创新主体可以在市场上占据更有利的位置，构建起难以逾越的技术壁垒。

华为公司通过大量的专利积累，在通信技术领域建立了强大的技术壁垒。这不仅帮助华为公司在全球市场上占据了领先地位，还为其赢得了更多客户的信任。强大的专利组合不仅保护了华为公司的技术，还为其赢得了更多的商业机会。

4. 创造经济价值

专利不仅是一种法律武器，更是创造经济价值的重要手段。通过专利许可和转让，创新主体可以获得可观的经济收益。

高通公司凭借其在无线通信技术领域的专利积累，通过专利许可获得了巨大的经济回报。这些专利不仅为高通公司带来了丰厚的利润，还推动了整个行业的技术进步。通过专利许可，高通公司与其他公司合作，共同推动了移动通信技术的发展。

5. 促进国际竞争与合作

在全球化背景下，专利在国际竞争与合作中扮演着至关重要的角色。拥有核心专利的创新主体能够在国际市场上占据有利地位。

华为公司在 5G 通信技术领域拥有大量核心专利。这些专利不仅帮助华为公司在全球市场上建立了竞争优势，还使其在国际标准制定中发挥了重要作用。通过专利，华为公司不仅保护了自己的技术，还提升了国际影响力。

6. 社会文化影响

美国斯坦福大学的科研团队在基因编辑技术方面取得突破并申请专利。这一专利成果促使全球多所高校和科研机构重新审视和优化自身的生物科学课程，不仅在课堂上引入最新的基因编辑知识，还积极开展相关科研项目合作。这一专利带来的连锁反应，激发了学生和科研人员的创新思维，促使他们去探索更多未知领域，推动了教育体系朝着更前沿、更注重创新实践的方向发展，充分体现了专利制度在社会文化层面的深远影响。

三、专利与创新的交响

专利是人类创新精神的体现，是创新文化的象征。从古至今，无数的发明家和科学家为了人类的进步付出了毕生的努力。专利制度为这些创新者提供了一个舞台，让他们的创新成果得到应有的保护和认可。

专利制度不仅是保护创新成果的法律机制，更是推动社会进步和文化传承的重要力量。它激励着一代又一代的创新者，让他们在追求技术突破的同时，也为人类的未来贡献了自己的智慧。让我们一起期待更多精彩的创新故事，见证专利制度在未来继续发光发热。

1. 创新精神与文化传承

19世纪末的美国,托马斯·爱迪生正在他的实验室里忙碌着,尝试着点亮第一盏电灯。无数次的失败并没有让他放弃,相反,他坚信每一次失败都是向成功迈进的一步。终于,在无数次实验之后,爱迪生发明了实用的白炽灯泡,并成功获得了专利。这份专利不仅保护了他的发明,也激励了无数的发明家,让他们相信创新的力量。

专利制度不仅保护了创新成果,更是知识传承的重要载体。当一位发明者公开其发明的技术细节时,这份公开的信息就会成为后来研究者和工程师们的宝贵资料。比如,一位年轻的工程师在研究一项新技术时,可能会查阅几十年前的专利文献,从中汲取灵感,继续推动技术的进步。这种知识的传递不仅仅是技术上的延续,更是文化上的传承。

在学校和科研机构中,专利制度激发了学生的创造力。学生们通过学习专利知识,了解创新的过程,体会到每一个细节的重要性。他们或许会从一项看似简单的发明中,感受到背后无数科学家的辛勤付出。这样的教育不仅培养了学生的创新能力,还让他们明白,创新不仅是技术的进步,更是对社会的贡献。

2. 经济发展与公共福祉

专利制度是推动经济发展的重要引擎。在高科技领域,一家创新主体拥有的专利数量往往是其技术实力的体现。比如,华为、高通等公司在通信技术方面的专利积累,不仅为它们带来了丰厚的经济回报,还推动了整个行业的发展。这些创新主体通过不断的技术创新,构建了强大的技术壁垒,增强了自身的市场竞争力。

专利密集型产业的发展还创造了大量的就业机会。在生物科技、信息技术等行业,许多岗位都需要熟练掌握专利知识。这些岗位不仅提供了稳定的收入来源,还吸引了大量优秀人才投身于技术创新之中。通过专利技术的推广和应用,这些行业不断发展壮大,带动了整个产业链的繁荣。

在医疗领域,专利保护并鼓励新药的研发。虽然药品的价格问题时常引发争议,但从长远来看,专利制度推动了医疗技术的进步。许多新药的研发过程充满了挑战,但专利保护让制药公司愿意投入巨额资金进行研究。这些新药的问世,不仅拯救了许多患者的生命,还提高了整个社会的健康水平。

环保技术的专利保护同样重要。随着人们环境保护意识的增强,越来越多的创新致力于减少污染、提高能源效率。通过专利保护,这些环保技术得到了推广和应用,为地球的可持续发展作出了贡献。

3. 未来的愿景

专利制度的建立旨在鼓励持续不断的创新,确保技术的迭代和进步。它不仅关注当前的需求,更着眼于未来的发展。比如,人工智能、物联网等新兴领域的发展离不开专利制度的支持。这些领域的创新者通过申请专利,不仅保护了自己的技术,还推动了整个行业的发展。

在全球化的背景下,专利制度促进了跨国界的创新合作。不同国家之间的技术交流与合作,推动了国际标准的制定和发展。拥有核心专利的创新主体能够在国际标准制定中发挥关键作用,提高国际影响力。

第二节 专利侵权的迷雾

一、专利侵权是怎么回事

专利侵权是指在没有专利权人许可的情况下,第三方非法使用、制造、销售、许诺销售或进口专利权所保护的发明创造的行为。这种行为侵犯了专利权人的合法权益,破坏了专利制度的初衷——通过给予专利权人一定期限的独占使用权,以鼓励创新和技术发展。

专利侵权不仅是法律问题,也是经济和社会问题。它涉及创新者的利益保护、市场的公平竞争以及整个社会的技术进步。接下来,我们将详细探讨专利侵权的具体表现形式和一些知名的案例。

1. 专利侵权的类型

具体来说,专利侵权可以分为以下几种主要类型(其中,前三种主要针对发明专利和实用新型专利)。

直接侵权。直接侵权是指直接使用、制造、销售、许诺销售或进口专利产品或使用专利方法,而未获得专利权人许可。这种行为是最常见的专利侵权形式,直接侵犯了专利权人的独占使用权。例如,一家公司开发了一种新型电池技术,并获得了专利保护;而另一家公司未经许可就开始生产并销售这种电池,这就是典型的直接侵权行为。

间接侵权。间接侵权是指虽然自己并未直接实施专利,但通过销售或提供专利实施所需的关键部件或工具,促使他人实施专利,从而构成间接侵权。这种形式的侵权较为隐蔽,但同样损害了专利权人的利益。例如,一家创新主体生产并销售用于组装某一专利产品的零部件,尽管其本身并未直接制造专利产品，但其行为促成了专利产品的最终组装，构成了间接侵权。

等同侵权。等同侵权是指使用与专利权利要求中描述的技术特征实质上相同或等效的技术特征，虽然表面上有所不同，但其实现的功能和效果与专利相同。这种侵权形式通常发生在侵权者试图通过微小改动来规避专利保护的情况。例如，一家公司制造了一种与某专利产品功能相同但结构略有不同的设备，这种设备虽然不是对专利产品的完全复制，但依然属于等同侵权。

外观设计专利侵权。外观设计专利侵权是指未经授权，制造、销售、许诺销售或进口与外观设计专利相同或近似的设计产品。外观设计专利保护的是产品的外观设计，而不是其功能或技术。例如，某手表品牌未经授权，生产并销售了一款与另一品牌的外观设计极为相似的手表，这种行为构成外观设计专利侵权。

2. 专利侵权的知名案例

专利侵权案件在国内外时有发生，尤其是在高科技行业，因为技术的快速发展和专利的密集布局，很容易引发专利权的冲突。下面列举几个国内外知名的专利侵权案例。

苹果公司与三星电子公司专利侵权纠纷案。这可能是最广为人知的专利侵权案例之一。自2011年起，苹果公司起诉三星电子公司侵犯其多项外观设计专利和实用新型专利，包括用户界面、硬件设计和软件功能。苹果公司声称三星电子的智能手机和平板电脑抄袭了iPhone和iPad的设计和功能。这场诉讼在全球范围内展开，涉及多个国家，最终三星电子被判需向苹果公司支付数亿美元的赔偿金。此案反映了在智能手机领域，设计和用户体验专利的重要性。

东芝公司与海信集团专利侵权纠纷案。2018年，日本东芝公司在中国起诉海信集团侵犯其电视专利。东芝公司声称海信集团在中国市场销售的某些电视产品侵犯了某三项专利。此案突显了跨国创新主体在进入海外市场时，需要注意当地的专利布局和尊重原属公司的知识产权。

西门子与赛普拉斯半导体专利侵权纠纷案。这是一起涉及标准必要专利（SEP）的案件。西门子公司在德国起诉赛普拉斯半导体公司侵犯其与蓝牙技术相关的标准必要专利。西门子公司要求赛普拉斯半导体公司支付专利费，而赛普拉斯半导体公司则主张西门子公司未能按照公平、合理和无歧视（FRAND）原则提供许可。此案展示了在标准必要专利许可中，双方如何就FRAND原则进行交锋，以及如何处理专利池成员与使用者之间的纠纷。

华为公司与国际数据公司专利侵权纠纷案。在中国专利侵权案件中，华为公司与美国国际数据公司（IDC）的纠纷是一个标志性事件。此案件围绕标准必要专利的许可费用是否符合FRAND原则展开。华为公司在美国和中国分别提起诉讼，指控IDC违反FRAND原则，要求确定合理的专利许可费率。最终，双方在2013年达成全球交叉许可协议，不仅解决了纠纷，还为全球通信行业提供了关于标准必要专利许可的重要参考。这一案例对中国乃至全球的专利法实践产生了深远影响。

3. 专利侵权的影响与后果

专利侵权不仅使受害方造成经济损失，还可能引发一系列连锁反应，影响整个行业的健康发展。

表1-1展示的是以上述知名案例为对象，分析专利侵权可能带来的影响和后果。

表1-1 专利侵权的影响

序号	影响	具体表现
1	影响创新主体的经济效益	在苹果公司与三星电子公司的专利侵权案中，三星电子公司需向苹果公司支付数亿美元的赔偿金。这种巨额赔偿不仅影响了侵权方的财务状况，还可能导致市场信心下降，影响其股价和品牌形象
2	影响市场竞争格局	华为公司与国际数据公司的专利侵权案最终达成了全球交叉许可协议，这不仅解决了纠纷，还改变了两家公司在全球通信市场的地位。专利侵权案件的判决往往会影响创新主体未来的市场策略和技术发展方向
3	影响技术标准的制定	西门子与赛普拉斯半导体专利侵权纠纷案，不仅影响了专利许可的条款，还对技术标准的制定产生了影响。这类案件促使创新主体更加关注FRAND原则，推动了技术标准的合理制定和公平使用

续表

序号	影响	具体表现
4	影响创新主体的声誉与品牌形象	在苹果公司与三星电子公司的专利侵权案中,双方在全球范围内的诉讼引起了广泛关注,这对两家公司的品牌形象造成了影响。创新主体需要谨慎处理专利侵权问题,以免损害自身声誉
5	削弱创新动力	如果创新者的努力得不到应有的保护,那么他们可能会减少对研发的投资,导致整个社会的创新动力减弱。专利制度的设计初衷就是为了鼓励创新,因此,保护专利权人的合法权益至关重要

通过这些具体的案例分析,我们可以看到专利侵权不仅是法律条文中的概念,它更直接影响创新主体的生存与发展,甚至影响整个行业的未来。专利侵权不仅关系到巨额的经济赔偿,还可能改变市场竞争格局,影响创新主体未来的技术方向和市场策略。

二、专利侵权的解决之道

专利侵权是一个复杂的问题,不仅涉及法律层面的处理,还需要从多个角度综合考虑。接下来,我们将探讨专利侵权的原因,并从权利人和侵权方两个角度探讨解决专利侵权问题的方法。

1. 专利侵权的原因

专利侵权之所以频繁发生,究其根本,是由多重因素共同促成的,这些因素交织在一起,构成了一个复杂的背景。在现实的商业竞争中,专利侵权的出现并非偶然,而是多种社会、经济和技术相互作用的结果。

市场压力与竞争。在高度竞争的环境下,创新主体为了争取市场份额,可能会采取各种策略,包括使用竞争对手的专利技术,即使明知这可能触犯法律。在这种情况下,专利侵权成为一种快速获取竞争优势的手段,尽管这种做法在法律和道德上都是不可接受的。

信息不对称。在技术密集型行业,专利信息庞杂且更新迅速,创新主体或个人很难全面掌握所有相关专利的信息。这种信息获取的困难,使得无意侵权成为可能。特别是初创企业或小型创新主体,资源有限,可能无法投入足够的时间和精力来彻底核查相关技术的专利状态,从而增加了无意侵权的风险。

专利滥用。专利权人有时会利用其"专利地位",通过广泛的专利布局来限制竞争对手的创新空间,这种做法可能诱导或迫使其他创新主体陷入侵权困境。当专利权人利用专利来设置技术壁垒,而非促进技术的正当竞争和进步时,专利侵权就成了一个不可避免的副产品。

教育与意识的缺失。在某些情况下,创新主体和个人可能由于对专利法的无知,不知道自己的行为已经构成侵权。特别是在那些对知识产权保护意识淡薄的地区或行业,专利侵权行为更容易发生。

2. 专利侵权的应对

专利侵权的应对需要从权利人和侵权方两个角度来考虑,下面分别介绍两种视角下的应对策略。

(1) 权利人视角。

面对专利侵权,权利人拥有多条路径来捍卫自己的合法权益。在中国,当遭遇专利侵权时,权利人可以采取的行动如图 1-1 所示。

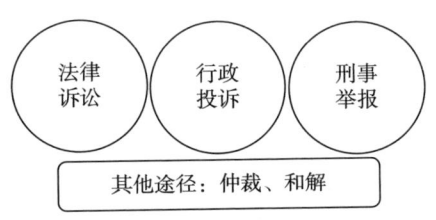

图 1-1 应对专利侵权的策略

法律诉讼。专利权人或利害关系人可以直接向具有管辖权的人民法院提起民事诉讼,要求侵权人停止侵权行为、消除影响、赔偿损失等。在诉讼中,原告需要提供充分的证据证明侵权事实的存在。具体来说,专利权人或利害关系人可以根据案件的不同,选择不同的法院进行审理,以下对三类受理专利侵权案件的法院进行介绍。①最高人民法院知识产权法庭。2019 年 1 月 1 日,最高人民法院知识产权法庭成立,这是中国首个跨区域管辖专利等技术类知识产权上诉案件的专门法庭,目的是统一全国范围内的技术类知识产权案件的裁判标准，提高审判质量和效率。该法庭主要负责审理全国范围内的专利、植物新品种、集成电路布图设计、技术秘密、计算机软件、垄断等技术类知识产权民事和行政上诉案件。②专门的知识产权法院。截至2024年底，中国共设有四家专门的知识产权法院，分别是北京知识产权法院、上海知识产权法院、广州知识产权法院以及海南自由贸易港知识产权法院。这些法院致力于审理各类知识产权案件，包括专利、商标、版权、不正当竞争和技术合同纠纷，旨在强化知识产权保护，统一司法标准，提升审判效率与质量。③中级人民法院和基层人民法院。各地中级人民法院和部分基层人民法院内部也设有知识产权法庭，共同构成了中国知识产权司法保护体系的重要组成部分。

行政投诉。专利权人或利害关系人可以向侵权行为发生地的知识产权管理部门提出投诉，请求其处理专利侵权行为。知识产权管理部门有权对侵权行为进行调查，并作出行政裁决，包括责令停止侵权、没收违法所得、罚款等。在行政投诉过程中，市场监督管理局可以协助双方进行调解，以达成和解协议，解决纠纷。

刑事举报。如果专利侵权行为涉嫌犯罪，如假冒专利行为等，专利权人可以向公安机关报案，由公安机关立案侦查，依法追究刑事责任。

其他途径。除了常见的司法、行政、刑事三类途径，专利权人或利害关系人还可以采用和解、仲裁等方式处理纠纷。专利权人可以尝试与侵权人直接沟通，寻求和解方案，通过谈判达成赔偿协议或签订许可合同。双方也可以约定通过仲裁机构解决专利侵权纠纷，仲裁裁决具有法律约束力。

在处理专利侵权时，专利权人应当注意收集和保存侵权证据，包括侵权产品、销售记录、广告宣传材料等。同时，考虑到专利侵权案件的复杂性，建议聘请专业的律师或专利代理师协助处理，以提高胜诉的可能性。在整个过程中，专利权人还应关注诉讼时效和管辖权的问题，确保自己的诉求能够在合法的框架内得到妥善处理。

（2）侵权方视角。

当一方被指控为专利侵权者时，通常称为"被控侵权人"或简称为"侵权方"。面对专利侵权指控，侵权方需要采取一系列策略来应对，以保护自身的合法权益并尽量减少损失。

首先，侵权方需要仔细核查被指控的内容，确定是否存在实际的侵权行为。这包括分析对方专利的有效性，如专利是否仍然有效、指控方是否有权主张等。通过详细的专利分析，侵权方可以初步判断指控的合理性和真实性。例如，某公司被指控侵犯了一项专利，经过仔细核查，发现该专利的保护期限已经届满，因此指控不成立。

其次，如果侵权方认为对方的专利存在瑕疵，如新颖性不足、创造性缺乏或公开不充分等，可以向国家知识产权局申请宣告该专利无效。这种策略不仅可以直接驳回侵权指控，还可以为侵权方赢得时间和空间，重新评估自身产品的设计和市场策略。例如，某企业在面对专利侵权指控时，通过技术分析发现对方的专利存在明显的新颖性问题，遂向国家知识产权局提出无效宣告请求，最终成功使对方专利被宣告无效，彻底解决了侵权纠纷。

此外，侵权方还可以尝试与专利权人沟通，寻求和解协议。这可能包括支付许可费、修改产品设计以避免侵权等。和解不仅能够避免漫长的诉讼过程，还能节省大量的法律诉讼费用和时间成本。例如，某电子产品制造商在被指控侵犯专利权后，通过与专利权人的多次沟通，最终达成了支付一定许可费用的和解协议，双方关系得以缓和，企业也能够继续正常运营。

如果上述方法都无法解决问题，侵权方需要积极准备应诉材料，以应对可能的诉讼。这包括收集相关证据、聘请专业的律师团队、准备详细的答辩意见等。在诉讼过程中，侵权方需要提供充分的证据来证明自身没有侵权行为，或者即使存在侵权行为，其程度和影响也非常有限。例如，某企业在面临专利侵权诉讼时，通过收集大量的研发记录和技术资料，成功证明了其产品设计与对方的专利存在显著差异，最终赢得了诉讼。

在某些情况下，侵权方可能会发现专利权人的行为构成滥用专利权或其他不正当竞争行为，可以提起反诉。这种策略不仅可以为自己争取更多的法律保护，还能在一定程度上转移诉讼焦点，迫使对方重新评估诉讼策略。例如，某企业在被指控侵犯专利权的同时，发现对方存在明显的滥用专利权行为，遂提起反诉，要求对方停止不当行为并赔偿损失。最终，法院判决支持了该企业的反诉请求，使其在诉讼中占据了有利地位。

通过这些具体的应对策略，无论是权利人还是侵权方，都可以更好地理解和处理专利侵权问题。专利侵权的解决不仅需要法律手段，还需要双方的沟通和合作，以达到双赢的局面。在实际操作中，侵权方应根据具体情况灵活选择应对策略，确保在维护自身权益的同时，也能促进市场的公平竞争和技术创新。

三、专利侵权的预防与管理

在探讨了专利侵权的定义和解决之道后，我们不得不提到一个至关重要的方面——专利侵权的预防与管理。正如古人所说，"防患于未然"，通过有效的预防措施和管理策略，创新主体可以大大降低专利侵权的风险，保护自身的合法权益。下文将深入探讨如何通过系统性的方法来预防和管理专利侵权问题。

1. 明察秋毫

在现代科技日新月异的时代，专利信息如海洋般浩瀚，而创新主体要想在这片海洋中航行而不触礁，就必须具备敏锐的洞察力。专利检索与分析是预防专利侵权的第一步，也是最为关键的一步。一方面，创新主体应建立定期的专利检索机制，确保研发团队能够及时了解行业内的最新专利动态。这可以依靠内部团队或外部专业机构来实现，并且应当利用专业的专利数据库和检索工具，帮助创新主体更高效地获取相关信息。在具体检索过程中，除了关键词检索，还可以通过分类号、申请人、发明人等多个维度进行检索，确保覆盖所有可能的相关专利。另一方面，创新主体应当经常开展技术分析与风险评估。这包括对检索到的专利进行详细的技术比对，确定其与自身产品的相关性。这需要技术人员和法律专家的共同参与，确保比对结果的准确性。根据技术比对的结果，评估潜在的侵权风险。如果发现有较高的侵权风险，应及时调整研发方向或寻求许可授权。例如，某汽车制造公司在开发一款新型发动机时，通过定期的专利检索发现了竞争对手的一项重要专利，经过详细的技术分析，确定该专利与他们的设计存在重合部分。为了避免潜在的侵权风险，该公司决定与竞争对手协商，最终达成了专利许可协议，顺利推进了项目的研发。

2. 规范有序

完善的专利管理制度不仅有助于创新主体在创新过程中避免侵权，还能提升创新主体的整体知识产权管理水平。首先，创新主体需要建立明确的专利申请流程。这可能包括：制定清晰的专利申请标准，确保只有具有商业价值和技术新颖性的发明才能申请专利；规范申请流程，建立从发明披露、初步审查到正式申请的一整套流程，确保每个环节都有专人负责，并记录详细的过程文档。其次，创新主体要对自身拥有的专利进行维护与优化。一方面，应当定期对已授权的专利进行评估，确保每项专利的有效性和市场价值；对于不再有价值的专利，应及时放弃，减少不必要的维护成本。另一方面，还应当积极开展专利组合优化的工作，构建强大的专利组合，形成专利壁垒，保护自身的核心技术。同时，通过交叉许可等方式，与其他创新主体共享技术和专利资源。最后，创新主体要加强员工培训与意识提升。通过定期组织员工参加知识产权培训，提高员工的专利意识。特别是研发人员和技术管理人员，应具备基本的专利知识。通过建立激励机制，鼓励员工积极申报专利，可以设立专利奖金制度，对成功获得专利的员工给予奖励。例如，某高科技公司建立了严格的专利管理制度，要求所有研发项目在立项前必须进行专利检索和风险评估。通过这一机制，该公司成功避免了多次潜在的侵权风险，同时也获得了大量的高质量专利，提升了公司的市场竞争力。

3. 互利共赢

专利许可与合作是预防专利侵权的重要手段之一。通过合理的许可与合作，创新主体不仅可以合法使用他人的专利技术，还能在一定程度上规避侵权风险。在技术合作方面，创新主体在研发初期可以尝试与其他创新主体或研究机构开展联合研发项目，共享技术和专利资源。通过合作，可以降低单个创新主体的研发成本和风险。例如，某生物科技公司与一所大学合作，共同开发了一种新型抗癌药物。通过这种合作，该公司不仅获得了先进的技术，还缩减了研发周期和成本。在专利许可方面，在发现可能存在侵权风险时，创新主体应主动与专利权人联系，寻求许可授权。这样可以避免因侵权行为导致的法律纠纷。此外，也可以与合作伙伴签订交叉许可协议，互相授权使用各自的专利技术,这种方式可以有效避免双方之间的专利侵权纠纷。在许可谈判中,创新主体应充分准备,了解对方的专利情况和市场地位,争取有利的许可条件,必要时可以聘请专业的法律顾问协助谈判。例如,某电子设备制造商在开发一款新型智能手机时,发现其中一项关键技术已经被竞争对手申请了专利。通过积极的许可谈判,该公司最终与竞争对手达成协议,获得了该技术的使用权,避免了潜在的侵权风险。

4. 专业护航

在复杂的专利侵权问题面前,专业的法律顾问是不可或缺的。他们不仅能提供法律咨询和支持,还能帮助创新主体制定全面的知识产权战略。创新主体在遇到专利侵权纠纷时,建议选择具有丰富的专利法相关知识和深厚的技术背景的法律顾问。他们不仅懂法律,还能理解复杂的技术细节,可以处理专利申请、侵权诉讼、许可谈判等各个方面问题。具体来说,一个专业的法律顾问可以为创新主体提供日常的法律咨询服务,解答关于专利侵权的各种疑问;帮助创新主体在新产品开发和市场推广过程中,评估潜在的专利侵权风险;在发生专利侵权纠纷时,提供专业的应对策略和解决方案,帮助创新主体最大限度地减少损失。例如,某互联网公司在推出一款新产品前,聘请了专业的法律顾问进行全面的专利风险评估。通过法律顾问的专业建议,公司及时调整了产品设计,避免了潜在的侵权风险。此外,法律顾问还可以帮助创新主体制定和执行知识产权保护策略,包括专利布局、商标注册、版权保护等,全面提升企业的知识产权管理水平。

5. 未雨绸缪

专利监控与预警是预防专利侵权的最后一道防线。通过实时跟踪行业内的专利动态,创新主体可以提前发现潜在的侵权风险,并采取相应的防范措施。为此,建立一套完整的专利监控系统至关重要。利用专业的专利监控软件,可以自动追踪竞争对手的专利申请和授权情况,并生成定期报告。这些报告不仅提供了全面的专利信息,还通过对监控到的数据进行处理和分析,提取出有价值的信息,用于指导创新主体的研发决策和市场策略。例如,某医药公司通过专利监控系统发现,竞争对手正在申请一项与其即将上市的新药品相关的专利。通过提前获知这一信息，该公司及时调整了市场策略，避免了潜在的侵权风险。与此同时，设立有效的预警机制同样不可或缺。一旦监控系统发现潜在的侵权风险，立即启动预警机制，通知相关部门，并启动应急预案。应急预案应涵盖技术调整、法律应对、谈判策略等多个方面，确保在遇到侵权风险时，创新主体能够迅速作出反应，有效保护自身的合法权益。例如，某通信设备制造商在专利监控系统中发现，竞争对手的一项专利即将到期。该公司立即启动预警机制，评估该专利到期后对自身产品的影响，并制定了相应的市场策略。通过这样未雨绸缪的措施，创新主体能够在激烈的市场竞争中占据有利地位，避免不必要的法律纠纷和经济损失。

6. 小结

专利侵权的预防与管理是一个系统工程，需要创新主体从多个层面进行综合考虑和实施。通过定期的专利检索与分析，建立完善的专利管理制度，积极寻求专利许可与合作，聘请专业的法律顾问以及建立专利监控与预警机制，创新主体可以有效地降低专利侵权的风险，保护自身的合法权益。只有在这些方面都做到位，创新主体才能在激烈的市场竞争中立于不败之地，持续推动技术创新和企业发展。

第三节　专利侵权判定的艺术

在专利侵权诉讼中,专利侵权判定是一项复杂而精细的工作。它不仅需要对技术细节有深刻的理解,还需要对法律条文进行准确的解读。本节将深入探讨专利侵权判定的定义、主体、流程以及面临的挑战等。

一、专利侵权判定是什么

1. 专利侵权判定的定义

专利侵权判定是指在专利权被认为受到侵犯时,通过法律程序确定是否存在侵权行为的过程。这一过程旨在保护专利权人的合法权益,防止未经授权地使用、制造、销售或进口其专利技术或产品,从而维护市场的公平竞争和技术进步。

首先,专利侵权判定的核心在于确认某一行为是否侵犯了有效的专利权。具体而言,这一过程首先需要确认涉案专利的有效性。专利权具有有效性意味着该专利已经通过了专利局的审查,获得了法律保护,并且处于保护期内。如果专利已经过期、被宣告无效或存在其他法律问题,那么侵权指控将不成立。专利的有效性是侵权判定的前提条件,确保了被控侵权行为是在一个合法有效的专利保护范围内发生的。

其次,专利侵权判定关注的是未经授权的行为。这些行为包括但不限于使用、制造、销售或进口受专利权保护的技术或产品。专利权人通常会发现这些行为损害了其经济利益或市场地位,从而提起侵权指控。未经授权的行为是侵权判定的关键要素,其确保了被控侵权行为确实是在没有专利权人许可的情况下发生的。

此外，专利侵权判定的一个重要方面是技术特征的重合。具体而言，需要将被控侵权的产品或方法与涉案专利的权利要求进行详细的对比，检查被控侵权物是否包含了涉案专利的权利要求中所描述的所有必要技术特征。技术特征的对比是判断侵权行为的基础，确保了技术特征的一致性和相似性。如果被控侵权物的技术特征与涉案专利的权利要求中的技术特征完全一致或存在等同替换，那么可能构成侵权。

然而，技术特征的重合并不必然意味着法律意义上的侵权。专利侵权判定还需要从法律角度进行分析，判断技术上的重合是否构成法律意义上的侵权行为。这包括确认专利的有效性、侵权行为的性质以及侵权责任的界定。法律层面的分析确保了侵权判定的合法性和公正性，为最终的判决提供坚实的法律依据。

最后，专利侵权判定还需要考虑侵权行为是否对专利权人造成了实际损害。这种损害可以是经济损失、市场份额的丧失或其他形式的不利影响。损害后果的确认有助于确定侵权责任的范围和赔偿金额，确保专利权人的合法权益得到充分保护。

专利侵权判定是一个综合性的法律和技术过程，旨在通过详细的比对和分析，确定被控侵权行为是否确实侵犯了专利权。这一过程不仅保护了专利权人的合法权益，还维护了市场的公平竞争和技术进步。专利侵权判定的目的是确保创新得到应有的保护，促进技术创新和经济发展。

2. 专利侵权判定的主体

专利侵权判定的主体主要包括法院、专利行政部门和仲裁机构。这些机构在不同的场景下发挥着各自的作用，共同构成了专利侵权判定的法律体系。

法院是我国专利侵权判定的主要主体，特别是在民事诉讼中，法院是作出侵权判定的权威机构。法院负责审理专利侵权案件，并作出最终判决。在审理过程中，法官会听取双方律师的意见，并参考技术调查官的报告，确保判决的公正性和科学性。法院的审理过程通常包括证据提交、质证、技术比对和法律分析等多个环节，确保对案件的全面审查。法官在审理过程中还会考虑专利的有效性、侵权行为的性质以及损害后果等因素，最终作出是否构成侵权的判决。

专利行政部门，如国家知识产权局，也会在特定情况下介入专利侵权判定。特别是在专利无效宣告程序中，专利行政部门负责对专利的有效性进行审查。如果专利被宣告无效，那么相关的侵权指控自然也就不存在了。专利无效宣告程序通常由第三方提出，国家知识产权局会组织专家进行详细的审查，评估专利的新颖性、创造性和实用性等方面。这一过程不仅有助于澄清专利的有效性，还能促进专利质量的提升，维护市场的公平竞争。

仲裁机构在双方当事人达成一致的情况下，也可以成为专利侵权判定的主体。通过仲裁来解决专利侵权纠纷，仲裁裁决具有法律约束力，但前提是双方必须事先约定接受仲裁。仲裁的优势在于程序相对灵活，处理速度较快，且保密性强，适合处理复杂的商业和技术问题。仲裁机构通常由专业的仲裁员组成，他们具备丰富的法律和技术背景，能够对案件进行全面而深入的分析。仲裁过程通常包括提交仲裁申请、证据交换、开庭审理和裁决等多个环节，确保双方的合法权益得到充分保护。

综上所述，专利侵权判定的主体主要包括法院、专利行政部门和仲裁机构。检察机关在知识产权案件中主要起到辅助和监督的作用，而公安机关则主要负责调查和取证。这些机构的协同作用，为专利侵权纠纷的解决提供了多样化的途径，有效保护了创新主体的合法权益，促进了技术创新和市场的健康发展。

二、专利侵权怎么判定

在专利侵权案件中，准确地判定是否存在侵权行为是一项复杂而精细的工作。这不仅需要对技术细节有深刻的理解，还需要对法律条文进行准确的解读。下文将详细探讨影响专利侵权判定的因素以及面临的挑战。

1. 专利侵权判定的流程

专利侵权判定流程是一个复杂而系统的法律程序。以法院为例，专利侵权判定的流程通常包括立案、证据收集、技术鉴定、法庭辩论、法律论证和最终判决等阶段。每个阶段都有其特定的任务和目标，确保整个过程的公正性和科学性。

为了更直观地展示专利侵权判定的流程，图1-2是一个简化的流程图。

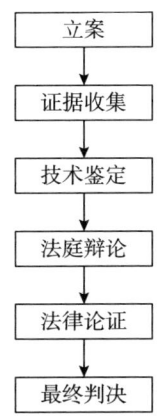

图1-2 专利侵权判定流程

各流程的详细情况说明如下。

立案。专利侵权判定的第一步是立案。专利权人发现侵权行为后，可以向法院提起诉讼，提交诉状及相关证据材料。诉状中应详细说明侵权行为的具体情况，包括被控侵权人的名称、侵权行为的时间和地点、侵权产品的描述等。法院在收到诉状后，会对提交的材料进行初步审核，决定是否受理案件。如果符合立案条件，法院将正式立案，并通知被控侵权人。

证据收集。立案后，双方需要提交证据材料，以支持各自的主张。这些证据材料可能包括专利文件、技术说明书、产品样本、销售记录、宣传资料等。证据收集是整个侵权判定过程中非常重要的环节，因为充分的证据能够帮助法官更准确地判断侵权事实。双方律师通常会进行详细的证据调查和整理，确保提交的证据真实、完整、合法。

技术鉴定。技术鉴定是专利侵权判定的关键环节之一。由于专利技术往往涉及复杂的科学技术问题，法院通常会委托专业的技术鉴定机构进行技术鉴定。技术鉴定机构会根据双方提交的证据材料，对被控侵权产品与涉案专利的权利要求进行详细的比对分析，确定技术事实。技术鉴定的结果对于侵权判定至关重要，法官会根据鉴定结果作出进一步的判断。

法庭辩论。法庭辩论是专利侵权案件审理的核心环节。双方律师会在法庭上就技术事实和法律问题进行辩论。这一阶段可能会涉及复杂的法律和技术问题，双方律师需要具备丰富的专业知识和辩论技巧。法庭辩论的目的不仅是陈述己方的观点，还要对对方的观点进行反驳，争取法官的支持。法官会根据双方的辩论内容和提交的证据，对案件进行全面的审查。

法律论证。在法庭辩论之后，双方律师需要就法律适用、侵权事实和损害赔偿等问题进行详细的法律论证。法律论证通常包括对相关法律法规的解读、对侵权行为性质的分析、对损害后果的评估等内容。双方律师会提交书面的法律意见书，详细阐述己方的观点和理由。法官会根据双方的法律论证和提交的证据，作出初步判断。

最终判决。最终判决是专利侵权案件审理的最后一个阶段。法院会综合技术鉴定结果和法律论证，作出是否构成侵权的判决。判决书中会详细说明侵权的事实依据和法律依据，包括侵权行为的具体表现、技术比对的结果、法律适用的理由等。如果法院认定侵权成立，判决书中还会明确侵权责任的承担方式和赔偿金额。判决书具有法律效力，双方必须遵守。

2. 专利侵权判定的影响因素

涉案专利的权利要求的清晰度。涉案专利的权利要求是界定专利保护范围的核心文件。如果涉案专利的权利要求表述不清，容易引发争议，将给侵权判定带来不确定性。清晰的权利要求有助于明确专利保护范围，减少误解。如果在专利侵权案中权利要求书中描述的技术特征模糊不清，那么在比对被控侵权产品时，就很难确定是否构成侵权。因此，撰写清晰、具体的权利要求书是非常重要的。例如，某医疗器械公司拥有一个关于心脏支架的专利，由于其权利要求书中使用了模糊的技术术语，导致在与另一家公司发生侵权纠纷时，双方对权利要求的解释产生了巨大分歧，法院不得不花费大量时间进行详细的法律和技术分析，才作出了判决。

技术领域的复杂性。当专利涉及高度复杂的技术领域时，判定侵权会变得更加困难，因为需要精确理解专利的技术内容和侵权行为的技术细节。例如，生物技术和信息技术领域的专利往往涉及深奥的科学原理和工程技术，这些领域的专利通常包含大量的技术术语和复杂的工艺流程，使得侵权判定变得非常具有挑战性。一家生物制药公司在开发一种新型抗癌药物时，发现另一家公司的产品可能侵犯了其专利。该专利涉及复杂的基因编辑技术，需要深入理解CRISPR-Cas9系统的原理及其应用。在这种情况下，法官和技术调查官必须具备丰富的专业知识，才能准确判断侵权行为是否存在。

侵权行为是否为主观故意。侵权行为的主观意图也是判定的重要因素。如果侵权方明知故犯，那么可能会面临更严厉的处罚。相反，如果是无意侵权，处罚可能会相对较轻。在实际案件中，证明侵权方的主观意图往往需要收集大量的证据，如内部邮件、会议记录等，以证明其是否明知存在专利权但仍继续实施侵权行为。例如，一家软件公司发现另一家公司未经授权使用了其一款软件的核心代码，通过调查发现对方公司的一名员工曾在该公司工作过，并将代码带到了新公司。在这种情况下，对方公司显然存在故意侵权的行为，最终被判支付高额赔偿金。

损害赔偿的计算。损害赔偿的计算也是一个关键因素。法院需要根据侵权行为造成的实际损失来确定赔偿金额，这涉及对市场情况、销售数据、利润等多个方面的综合考量。在实际操作中，计算损害赔偿是一个复杂的过程，需要专业的财务分析师和经济学家提供支持。例如，一家电子产品制造商起诉另一家公司侵犯其一项重要专利，经过详细的市场分析和财务审计，发现侵权行为导致其市场份额下降了10%，直接经济损失达数百万美元。最终，法院根据这些数据，判决被告赔偿原告相应的经济损失。

三、专利侵权判定是个技术活

专利侵权判定是一项复杂而精细的工作，它不仅需要对技术细节有深刻的理解，还需要对法律条文进行准确的解读。通过深入了解专利侵权判定的定义、主体、流程以及面临的挑战，我们可以更好地应对专利侵权问题，保护创新者的合法权益，促进科技创新和社会进步。

从技术调查的角度来看，专利侵权判定确实存在一些挑战和问题，这些问题主要集中在以下两个方面。

1. 专利侵权判定面临的技术挑战

现代科技的发展使得专利技术变得日益复杂，尤其是在信息技术、生物技术、新材料等领域，专利往往涉及深奥的科学原理和工程技术。这对法官和行政执法人员的专业知识提出了很高的要求，给专利侵权判定带来了诸多技术方面的挑战。

首先，专利技术的复杂性使得法官和行政执法人员需要具备丰富的专业知识。例如，在涉及基因编辑技术的专利侵权案件中，法官需要理解系统的原理及其应用，这不仅需要生物学知识，还需要了解基因编辑技术的最新进展和应用实例。如果不具备相关专业知识，法官很难准确判断侵权行为，可能会导致错误的判决。这种技术复杂性不仅限于生物技术领域，信息技术、新材料等领域的专利同样涉及复杂的科学原理和工程技术，对法官和行政执法人员的专业知识提出了极高的要求。

其次，法院和行政机关在处理专利侵权案件时，可能缺乏足够的专业技术调查官或专业辅助人员。这导致在技术特征比对、等同性判断等方面存在一定的困难。技术特征比对是专利侵权判定的核心环节，需要对涉案专利的技术特征与被控侵权产品的技术特征进行详细的比对和分析。等同性判断则需要评估被控侵权产品是否采用了实质相同的技术手段，达到了相同的技术效果。这些任务不仅需要专业的技术知识，还需要丰富的实践经验。然而，许多法院和行政机关缺乏足够的专业技术调查官或专业辅助人员，这直接影响了案件审理的准确性和效率。例如，在某些地区，由于缺乏专业的技术调查官，法院不得不依赖外部专家的意见，这不仅增加了审理成本，还可能导致不同专家之间意见的不一致，影响案件的公正性和一致性。

再次，即使是有一定技术背景的法官或行政执法人员，也可能难以跟上快速发展的科技步伐，特别是对于新兴技术和交叉学科的知识掌握不足。科技的快速发展使得新的技术不断涌现，法官和行政执法人员需要不断更新自己的知识体系，以适应新的技术挑战。例如，在涉及人工智能算法的专利侵权案件中，法官可能需要理解机器学习、神经网络等概念，这些技术不仅涉及计算机科学，还涉及数学、统计学等多个学科。如果没有相关背景，法官可能会对技术细节的理解出现偏差，影响对侵权行为的准确判断。此外，新兴技术的快速发展还可能导致现有法律法规的滞后，法官在适用法律时需要更加谨慎，确保法律的正确适用。

最后，在数字化时代，专利侵权证据可能存在于海量的电子数据中。如何有效保全和分析这些数据，对技术调查官的技术水平和调查工具提出了更高的要求。例如，在软件侵权案件中，可能需要从服务器日志、代码库等大量电子数据中提取证据。这不仅需要专业的技术手段，如数据分析工具和编程技能，还需要严格的数据保护措施，以确保数据的真实性和完整性。技术调查官需要具备较高的数据分析能力和信息安全意识，能够在复杂的电子环境中有效地提取和分析证据。此外，电子数据的保全和分析还需要遵循严格的法律程序，确保证据的合法性和可信度。

2. 专利侵权判定面临的资源挑战

在专利侵权判定过程中，技术调查不仅需要专业的技术分析和科学判断，还需要消耗大量的时间和资源。这些资源包括实验验证、文献检索、专家咨询等，对于案件处理的速度和成本控制带来了显著的压力。

首先，实验验证是技术调查中不可或缺的一环。在许多复杂的专利侵权案件中，特别是涉及高技术领域的案件，如半导体制造工艺，可能需要进行大量的实验验证来确定被控侵权产品的技术特征。这些实验不仅耗时，还需要专业的实验室设备和高水平的技术人员。例如，在一起涉及半导体制造工艺的专利侵权案件中，技术调查官可能需要进行多次实验，以验证被控侵权产品的制造工艺是否与涉案专利技术相符。这些实验可能包括材料测试、工艺参数优化、性能评估等多个步骤，每一个步骤都需要精确的操作和详细的记录。这样的实验验证不仅耗费大量时间，还需要投入大量的资金，购买和维护实验设备，支付技术人员酬劳等。

其次，文献检索也是技术调查的重要组成部分。技术调查官需要对大量的现有技术文献进行检索和分析，以确定涉案专利的新颖性和创造性。这包括专利文献、学术论文、技术报告等。文献检索不仅需要专业的检索工具和数据库，还需要具备深厚技术背景的人员进行筛选和分析。例如，在一起涉及生物技术的专利侵权案件中，技术调查官可能需要查阅数百篇相关文献，以评估涉案专利的新颖性和创造性。这些文献可能来自不同的国家和地区，涉及多种语言和技术领域，因此需要大量的时间和人力来进行筛选和分析。此外，文献检索的结果还需要进行详细的比对和总结，以形成完整的报告，供法官和行政执法人员参考。

最后，专家咨询是技术调查中另一个重要的资源需求。在复杂的专利侵权案件中，技术调查官可能需要咨询相关领域的专家，获取专业的技术意见和建议。这些专家不仅需要具备深厚的技术背景，还需要熟悉相关法律法规。

例如，在一起涉及信息技术的专利侵权案件中，技术调查官可能需要咨询计算机科学、网络通信、数据安全等多个领域的专家。这些专家的意见和建议可以帮助技术调查官更好地理解复杂的科学技术问题，提高技术调查的准确性和可靠性。然而，专家咨询也需要投入大量的时间和资金，包括支付专家咨询费用、安排会议和交流等。

  这些资源的消耗不仅影响了案件处理的速度，还增加了案件处理的成本。在一些复杂的专利侵权案件中，技术调查的时间可能长达数月甚至数年，这不仅延长了案件的审理周期，还可能造成当事人的经济损失。此外，高昂的技术调查成本也可能成为当事人的一大负担，尤其是中小企业和个体发明人，他们可能无法承受如此高昂的成本。

第二章

技术调查的探秘之旅

第一节 技术调查的起点

在专利侵权诉讼中,技术细节的理解和解释至关重要。技术调查作为一种专业评估手段,在这一过程中扮演着至关重要的角色。它不仅帮助法官和律师理解复杂的技术问题,还确保了判决的科学性和公正性。接下来,我们将详细探讨技术调查的基本概念、技术调查官的角色以及技术调查的必要性。

一、技术调查的基本概念

1. 技术调查的定义

专利侵权诉讼的核心往往在于对技术细节的理解和解释。技术调查作为一种专业评估手段,在此过程中扮演着至关重要的角色。它涉及一系列的技术解析和对比工作,旨在确定被控侵权产品或方法是否侵犯了已有的专利权。这一过程不仅要求对专利的权利要求进行精细解读,还需要对被指控侵权的产品进行深入的技术剖析,确保侵权判断建立在准确无误的技术事实基础之上。

想象一下,假设你是一名法官,面对一个复杂的专利侵权案件,其中涉及一种新型的半导体芯片技术,这项技术涵盖了复杂的专业术语和技术细节,而你可能并不具备相关的专业知识。这时,技术调查就像是一份说明书,带你穿越技术的迷雾,揭示出案件中的关键点,通过详细的技术分析和比对,技术调查能够帮助你理解这些技术细节,并作出公正的判决。

2. 技术调查官的角色

为了应对日益复杂的专利侵权案件,特别是在那些技术门槛较高的行业

（如信息技术、生物医药等），技术调查官应运而生。技术调查官通常由具备深厚技术背景及相关法律知识的专业人士担任，他们的主要职责是向法庭提交客观、中立的技术分析报告，帮助司法人员理解案件中的技术细节，避免由于技术理解不足而造成错误的判决。

技术调查官的工作就像是侦探探案，他们需要仔细研究每一个技术细节，找出关键证据。例如，在一起涉及无线通信技术的专利侵权案件中，技术调查官可能会拆解被控侵权产品的硬件，分析其内部结构，甚至编写代码来验证某些功能。他们还会查阅大量的技术文献和专利文件，确保自己的分析全面且准确。

技术调查官的介入显著增强了专利侵权审判的科学性和公正性，确保了技术事实的准确呈现。他们的报告不仅为法官提供了清晰的技术解释，也为双方当事人提供了一个公平的竞争平台。通过这种专业的技术支持，法庭能够更好地理解和处理复杂的专利侵权案件。

3. 技术调查的必要性

在专利侵权案件中，技术调查的必要性尤为突出，特别是当案件涉及尖端科技领域时。由于法官和律师可能缺乏相关的技术专业知识，技术调查官的作用就显得尤为重要。他们不仅能够帮助法官和律师弥补专业知识上的不足，还能促进判决的透明度和可预见性，保障专利权人的合法权益，维护公共利益。

专业知识的补充。技术调查官拥有深厚的技术背景和丰富的实践经验，能够在复杂的专利侵权案件中提供专业的技术支持。例如，在一起涉及人工智能算法的专利侵权案件中，技术调查官可以利用他们的专业知识，解释算法的工作原理，帮助法官理解侵权行为的本质。

提高判决的准确性。技术调查官的报告为法庭提供了详细的、基于事实的技术分析，有助于法官作出更加准确的判决。这种准确性不仅保护了专利权人的权益，也避免了无辜创新主体因误解技术细节而受到不公正的惩罚。

增强透明度和公信力。技术调查官的介入使得整个审理过程更加透明，公众和当事人能够清楚地看到技术分析的过程和结果。这种透明度增强了公众对司法系统的信任，提高了判决的公信力。

促进技术创新。通过公正、透明的专利侵权审判，技术调查不仅保护了现有的专利权人，还激励了更多的创新者投入技术研发中。创新者只有相信他们的创新成果能够得到合理的保护，才可以放心地进行新的探索。

技术调查在专利侵权诉讼中，不仅帮助法官和律师理解复杂的技术问题，还确保了判决的科学性和公正性。技术调查官的专业支持为专利侵权案件的审理提供了坚实的基础，保障了各方的合法权益，促进了科技创新和社会进步。

二、技术调查的起源和发展

1. 国外情况

专利侵权案件往往涉及复杂的科学技术问题，技术调查在确保案件审理的准确性和公正性方面发挥着重要作用。不同国家和地区在技术调查工作方面采取了不同的做法，但都致力于提高专利侵权案件审理的专业性和公正性。下文将从技术调查的角度，详细介绍部分国家和地区在专利侵权判定中的做法。

在美国，专利侵权案件中的技术调查主要依靠技术调查官或外部专家来实现。这些专家通常由双方当事人共同选定，或者由法院指定。他们在案件审理过程中提供书面或口头的技术说明，帮助法官和律师理解专利的权利要求、被控侵权产品的技术特征以及两者之间的关系。技术调查官的主要任务包括技术特征比对，即对涉案专利的技术特征与被控侵权产品的技术特征进行详细的比对，确保每一点技术细节都得到充分的分析和验证。此外，他们还需要进行等同性判断，评估被控侵权产品是否采用了实质相同的技术手段，达到了相同的技术效果。为了确保专利的有效性，技术调查官还会进行现有技术检索，对大量现有技术文献进行检索和分析，评估涉案专利的新颖性和创造性。最后，技术调查官会提供详细的技术意见和建议，帮助法官和律师更好地理解复杂的技术问题，确保案件得到公正审理。

在欧洲，各国法院在审理专利侵权案件时，也依赖技术调查官或外部专家的意见。这些专家通常由双方当事人共同选定，或者由法院指定。他们在案件审理过程中提供书面或口头的技术说明，帮助法官和律师理解专利的权利要求、被控侵权产品的技术特征以及两者之间的关系。欧洲技术调查官的任务与美国类似，包括技术特征比对、等同性判断、现有技术检索和技术意见提供。技术特征比对要求技术调查官对涉案专利的技术特征与被控侵权产品的技术特征进行详细的比对，确保每一点技术细节都得到充分的分析和验证。等同性判断则要求技术调查官评估被控侵权产品是否采用了实质相同的技术手段，达到了相同的技术效果。现有技术检索要求技术调查官对大量现有技术文献进行检索和分析，评估涉案专利的新颖性和创造性。技术意见提供则是技术调查官为法官和律师提供详细的技术意见和建议，帮助他们更好地理解复杂的技术问题，确保案件得到公正审理。

在德国，联邦专利法院建立了专门的技术调查官制度，技术调查官通常由具备深厚技术背景和相关法律知识的专业人士担任。他们在专利侵权案件中提供技术支持，帮助法官理解和判断技术细节。技术调查官的主要职责包括技术特征比对，即对涉案专利的技术特征与被控侵权产品的技术特征进行详细的比对，确保每一点技术细节都得到充分的分析和验证。等同性判断要求技术调查官评估被控侵权产品是否采用了实质相同的技术手段，达到了相同的技术效果。现有技术检索要求技术调查官对大量现有技术文献进行检索和分析，评估涉案专利的新颖性和创造性。技术意见提供则是技术调查官为法官和律师提供详细的技术意见和建议，帮助他们更好地理解复杂的技术问题，确保案件的公正审理。德国的技术调查工作特别强调技术调查官的独立性和中立性，以确保技术意见的客观性和公正性。

在日本，知识产权高等法院建立了专门的技术顾问制度，技术顾问通常由具备深厚技术背景和相关法律知识的专业人士担任。他们在专利侵权案件中提供技术意见，帮助法官理解复杂的技术问题。技术顾问的主要职责包括技术特征比对，即对涉案专利的技术特征与被控侵权产品的技术特征进行详细的比对，确保每一点技术细节都得到充分的分析和验证。等同性判断要求技术顾问评估被控侵权产品是否采用了实质相同的技术手段，达到了相同的技术效果。现有技术检索要求技术顾问对大量现有技术文献进行检索和分析，评估涉案专利的新颖性和创造性。技术意见提供则是技术顾问为法官和律师提供详细的技术意见和建议，帮助他们更好地理解复杂的技术问题，确保案件的公正审理。日本的技术调查工作特别强调技术顾问的专业性和独立性，以确保技术意见的科学性和客观性。

在韩国，知识产权法庭建立了技术调查官制度，技术调查官由具备技术背景和法律知识的专业人士担任。他们在专利侵权案件中提供技术支持，帮助法官理解和判断技术细节。技术调查官的主要职责包括技术特征比对，即对涉案专利的技术特征与被控侵权产品的技术特征进行详细的比对，确保每一点技术细节都得到充分的分析和验证。等同性判断要求技术调查官评估被控侵权产品是否采用了实质相同的技术手段，达到了相同的技术效果。现有技术检索要求技术调查官对大量现有技术文献进行检索和分析，评估涉案专利的新颖性和创造性。技术意见提供则是技术调查官为法官和律师提供详细的技术意见和建议，帮助他们更好地理解复杂的技术问题，确保案件的公正审理。韩国的技术调查工作特别注重技术调查官的专业培训和资格认证，以确保技术意见的科学性和可靠性。

总的来说，不同国家和地区在专利侵权判定中的技术调查工作方面采取了不同的做法，但都致力于提高案件审理的专业性和公正性。技术调查通过专业的技术支持，帮助法官和律师理解复杂的技术细节，确保判决的准确性和公正性。在各个国家和地区，技术调查官都发挥了关键作用，为知识产权保护和科技创新提供了坚实的保障。通过采取技术调查措施，各个国家和地区不仅保护了创新者的合法权益，还为市场提供了公平的竞争环境。

2. 国内情况

在中国，技术调查作为一项正式的司法辅助机制，始于21世纪初。随着科技的快速发展和专利侵权案件的日益复杂化，技术调查官的角色逐渐被引入并得到法律的支持。中国的专利侵权判定不仅通过司法途径进行，还通过各地方知识产权局（市场监督管理局）的行政执法途径进行，这两者共同构成了专利侵权判定的双轨制，主要举措如表2-1所示。

中国技术调查官制度的正式建立始于2014年。为配合北京知识产权法院、上海知识产权法院、广州知识产权法院的组建，最高人民法院于2014年12月31日发布《最高人民法院关于知识产权法院技术调查官参与诉讼活动若干问题的暂行规定》，首次明确技术调查官作为审判辅助人员的职能定位，标志着该制度在司法领域的诞生。2018年修订的《人民法院组织法》第五十一条规定："人民法院根据审判工作需要，可以设司法技术人员，负责与审判工作有关的事项。"这为技术调查官制度提供了组织法依据。2019年5月施行的《最高人民法院关于技术调查官参与知识产权案件诉讼活动的若干规定》，将适用范围从知识产权法院扩展至所有审理技术类案件的人民法院，并细化工作流程（如技术调查意见的效力、回避制度等）。

在行政执法领域，中共中央办公厅、国务院办公厅于2019年11月印发《关于强化知识产权保护的意见》，明确要求将技术调查官制度引入行政执法。国家知识产权局据此于2021年5月发布《关于技术调查官参与专利、集成电路布图设计侵权纠纷行政裁决办案的若干规定（暂行）》，规范行政裁决中技术调查官的选任、职责及管理，形成中央与地方联动的管理体系（如浙江、深圳等地制定实施细则）。

表2-1 我国建立技术调查官制度的主要举措

时间	文件名称	核心突破
2014年12月	《最高人民法院关于知识产权法院技术调查官参与诉讼活动若干问题的暂行规定》	首次在司法领域引入技术调查官制度，作为知识产权法院（北京、上海、广州）的配套机制。 明确技术调查官为"司法辅助人员"，协助法官处理专利、计算机软件等技术类案件的专业问题。 可参与诉讼活动（如调查取证、庭审、评议），但技术意见仅供法官参考，无裁判权
2018年10月	《人民法院组织法》（第三次修正）	人民法院根据审判工作需要，可以设司法技术人员，负责与审判工作有关的事项
2019年5月	《最高人民法院关于技术调查官参与知识产权案件诉讼活动的若干规定》	技术调查官制度的适用范围从北京、上海、广州的知识产权法院扩展至全国各级法院审理的技术类案件（含民事、行政、刑事）。 技术调查官正式定义为"审判辅助人员"，归属法院技术调查室管理。 技术意见仅作为法官认定技术事实的参考，法官对裁判结果负全责。技术调查官需遵守与法官相同的回避规定，确保中立性。若故意出具虚假意见，将承担法律责任（如追责、刑事处罚）

续表

时间	文件名称	核心突破
2019年11月	《关于强化知识产权保护的意见》	首次要求在知识产权行政执法（如专利侵权裁决）中建立技术调查官制度，与司法程序形成"双轨制"保护。 推动司法与行政程序中的技术调查官协作，提升技术事实认定的统一性和效率
2021年5月	《关于技术调查官参与专利、集成电路布图设计侵权纠纷行政裁决办案的若干规定（暂行）》	制定技术调查官的选任条件（如理工科背景、5年以上专业经验），确保专业性。 仅提供技术意见，不参与行政裁决的最终决策。中央可向地方调配技术调查官，解决地方专业资源不足问题。行政裁决文书中需列明技术调查官意见，增强公信力

技术调查官的主要职责包括技术特征比对、等同性判断、现有技术检索和技术意见提供。技术特征比对要求技术调查官对涉案专利的技术特征与被控侵权产品的技术特征进行详细的比对，确保每一点技术细节都得到充分的分析和验证。等同性判断则要求技术调查官评估被控侵权产品是否采用了实质相同的技术手段，达到了相同的技术效果。现有技术检索要求技术调查官对大量现有技术文献进行检索和分析，评估涉案专利的新颖性和创造性。技术意见提供则是技术调查官为法官和律师提供详细的技术意见和建议，帮助他们更好地理解复杂的技术问题，确保案件的公正审理。在中国的一些重大专利侵权案件中，技术调查官的作用已经得到了充分体现。例如，在一起涉及智能手机技术的专利侵权案中，技术调查官通过详细的技术分析，帮助法官理解了复杂的通信协议和技术细节，最终作出了公正的判决。这种专业的技术支持不仅提高了案件处理的质量，还增强了公众对司法系统的信任。

除了司法途径，中国的专利侵权判定还通过各地方知识产权局（市场监督管理局）的行政执法途径进行。在行政执法过程中，技术调查同样发挥着重要作用。各相关单位通常会选聘具有深厚技术背景和相关法律知识的专业人士担任技术调查官。这些技术调查官需要经过严格的培训，确保他们在技术分析和法律应用方面具备专业能力。技术调查官在协助行政执法的过程中，主要负责对涉嫌侵权的产品进行技术分析，包括技术特征比对、等同性判断、现有技术检索等。他们的工作成果为行政执法机关提供科学依据，确保执法的准确性和公正性。技术调查官与行政执法机关密切合作，参与案件调查、听证会等环节，提供专业的技术意见和建议。这种合作模式有助于行政执法机关更好地理解复杂的技术问题，提高执法效率和质量。

综合来看，中国的专利侵权判定机制通过司法和行政执法双轨制，确保了技术调查的全面覆盖和高效运行。技术调查官在专利侵权案件中的作用日益重要，他们的专业支持不仅提高了案件处理的质量，还增强了公众对司法和行政执法系统的信任。无论是通过司法途径还是行政执法途径，技术调查都在确保专利侵权案件的公正和专业审理方面发挥着不可替代的作用。通过这些措施，中国不仅保护了创新者的合法权益，还为创新者提供了公平的市场竞争环境。

三、专利审查员是天然的技术调查官

在知识产权领域，专利审查员和技术调查官扮演着至关重要的角色，尤其是在处理专利侵权案件时。通过细致的对比分析，可以发现专利审查员在成为技术调查官方面具有显著的优势，甚至可以说他们是天然的技术调查官。

1. 专利审查员与技术调查工作的匹配度

专利审查员通常拥有深厚的技术背景和丰富的专利审查经验，这使得他们在理解和处理复杂技术问题时具备天然的优势。例如，一位具有电子工程技术背景的专利审查员，在处理涉及半导体器件的专利侵权案件时，能够迅速识别出技术特征的关键点，并准确判断是否构成侵权。同时，丰富的专利审查经验也让专利审查员在处理专利侵权案件时显得游刃有余。他们熟悉专利申请的全过程，不仅要审查专利的新颖性、创造性和实用性，还要确保专利文件的完整性和规范性。这种经验使得他们在处理专利侵权案件时，能够快速定位侵权行为的关键要素，并结合专利的权利要求进行精确对比。一位经验丰富的专利审查员能够迅速找出被控侵权产品与涉案专利的权利要求之间的相似之处，从而准确判断是否存在侵权行为。此外，专利审查员对专利的权利要求的解读有着独到的见解。他们深知如何准确界定专利保护范围，并能够运用"全面覆盖原则"和"等同原则"进行侵权判定。在处理一项复

杂的专利时，专利审查员能够通过对权利要求的深入分析，判断被控侵权产品是否涵盖了专利的所有必要技术特征，从而确定是否存在侵权行为。

技术调查官需要具备较强的技术调查能力，能够在短时间内收集、分析和整理大量技术信息。他们需要对被控侵权产品进行详细的技术拆解和功能分析，确定其技术特征。技术调查官还需要能够撰写详细的调查报告，记录调查过程、技术分析和对比结果，并得出侵权与否的初步结论。例如，他们需要能够清晰地阐述每一步的分析逻辑和依据，以便法律专业人士理解技术细节。技术调查官不仅需要具备技术背景，还需要有一定的法律知识，尤其是知识产权法律方面的知识。他们需要理解专利法的相关规定，能够结合法律法规进行侵权判定。实践经验对于技术调查官来说同样重要。通过多次参与侵权案件的调查，技术调查官能够更好地掌握侵权判定的标准和流程。沟通与协作能力也是技术调查官的重要素质之一。他们需要与团队成员、专家顾问以及法律专业人士进行有效沟通，确保各个环节的顺利衔接。例如，在撰写技术调查报告时，技术调查官需要与专家顾问进行交流，确保报告的专业性和准确性；在法庭上作证时，他们需要清晰地表达技术观点，帮助法官和陪审团理解复杂的专利技术问题。

专利审查员与技术调查官在多个方面具有高匹配度，使得专利审查员非常适合成为技术调查官。

专利审查员具有深厚的科技背景和丰富的专利审查经验，熟悉专利申请的全过程，对专利权利要求有着独到的见解。这些能力对于技术调查官来说至关重要；技术调查官同样需要具备较强的技术调查能力，能够快速收集和分析技术信息，并撰写详细的调查报告。专利审查员在这方面已经具备了扎实的基础。

专利审查员在日常工作中积累了大量的专利审查经验，熟悉专利法的相关规定，能够结合法律法规进行侵权判定。这种法律知识和实践经验使得他们在技术调查中能够更加精准地进行侵权判定。技术调查官需要具备一定的法律知识，尤其是知识产权法律方面的知识，并在实际工作中不断积累经验。专利审查员已经在这一领域积累了丰富的经验，能够迅速适应技术调查官的角色。

专利审查员需要与团队成员、专家顾问以及法律专业人士进行有效沟通，确保各个环节的顺利衔接。这种沟通与协作能力同样适用于技术调查官的角色。技术调查官需要具备良好的沟通与协作能力，能够在团队中发挥作用，确保技术调查的顺利进行。专利审查员在这方面已经具备了丰富的经验。

专利审查员在技术调查官的角色中具有明显的优势。他们不仅具备深厚的技术背景和丰富的专利审查经验，还能熟练运用专利的权利要求进行侵权判定。国家层面的支持政策和专业培训进一步强化了他们的能力，使他们在未来的专利侵权判定中发挥更大的作用。因此，可以说专利审查员是"天然的技术调查官"，他们非常适合承担这一重要职责。

2. 国家层面的支持政策和未来趋势

国家层面通过政策指引与法律赋权，系统性地强化了技术调查官在专利侵权判定中的专业化支撑作用。2019年11月，中共中央办公厅、国务院办公厅印发《关于强化知识产权保护的意见》，明确提出"在知识产权行政执法案件处理和司法活动中引入技术调查官制度，协助行政执法部门、司法部门准确高效认定技术事实"，首次在顶层政策层面确立技术调查官在侵权判定中的职能定位。基于此，国家知识产权局于2021年5月发布《关于技术调查官参与专利、集成电路布图设计侵权纠纷行政裁决办案的若干规定（暂行）》，明确技术调查官在行政裁决中的具体职责，包括"对技术事实的争议焦点以及调查范围、顺序、方法等提出建议""参与询问、口头审理"等，并建立全国技术调查官名录库以实现跨区域人才调配。

在法律层面，2020年修正的《中华人民共和国专利法》（以下简称《专利法》）第六十七条明确规定："在专利侵权纠纷中，被控侵权人有证据证明其实施的技术或者设计属于现有技术或者现有设计的，不构成侵犯专利权。"该条款的实施高度依赖技术事实的精准查明，而技术调查官通过现有技术检索、技术特征比对等职能，为判定被控技术是否属于现有技术提供专业支持。此外，《最高人民法院关于审理侵犯专利权纠纷案件应用法律若干问题的解释（二）》第八条明确将"三基本"（手段、功能、效果）作为等同侵权的核心判断标准，并强调需结合本领域普通技术人员的认知能力。

为了进一步提升专利审查员的专业能力和技术水平，国家知识产权局定期举办各类培训活动，涵盖专利审查、侵权判定、技术分析等多个方面。这些培训活动不仅提升了专利审查员的专业素养,也为他们胜任技术调查官的角色奠定了坚实的基础。例如,国家知识产权局每年举办的专利审查员培训课程,不仅包括最新的专利审查标准和技术动态,还涉及侵权判定的实际案例分析,使专利审查员能够更好地应对复杂的侵权案件。

随着技术的不断进步和专利侵权案件的日益复杂化,专利审查员的专业知识和技能将变得更加不可或缺。新兴技术领域的专利侵权问题日益增多,包括人工智能、生物技术、新能源等领域,都需要具有深厚技术背景的专业人士来进行侵权判定。例如,在处理涉及人工智能算法的专利侵权案件时,专利审查员需要具备扎实的计算机科学基础知识,才能准确理解侵权产品的技术特征,并进行有效的侵权判定。

第二节 技术调查实战指南

一、技术调查的基本流程

技术调查是确保案件顺利进行的重要环节，其基本流程包括：案情分析与准备、专利权利要求解析、侵权产品或方法分析、技术特征比对、等同性分析、撰写技术调查报告、证据固定与保存、参与听证或庭审，如图2-1所示。

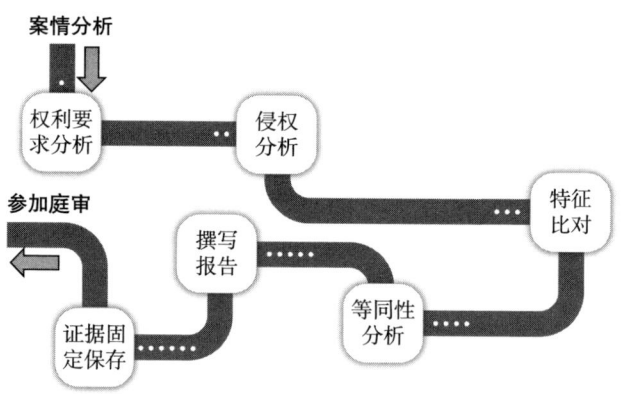

图2-1 技术调查的基本流程

1. 案情分析与准备

全面审查。详细审查专利侵权案件的基本信息，包括但不限于专利文献（如专利说明书、权利要求书）、侵权指控的具体细节以及相关的法律法规。根据《专利法》及相关司法解释，确保掌握案件的法律依据。

资源准备。准备必要的工具和资源，包括获取最新的技术文献、专业数据库的访问权限以及可能需要的专家咨询等支持。例如，《专利审查指南》中提到的技术文献检索方法，可以帮助团队更好地理解和分析案件的技术细节。

团队协作。组织团队会议，讨论案件的关键点，分配任务给团队成员，确保每个人明白自己的职责所在。同时，制定详细的工作计划，设定阶段性目标，确保工作的高效推进。

案例研究。参考以往类似案件的处理经验和判决结果，从中吸取经验，为当前案件的处理提供借鉴。例如，可以通过查阅最高人民法院发布的典型案例来了解相关判例和裁判规则。

2. 专利权利要求解析

专利侵权判定是知识产权法律实践中的一个复杂且关键的问题，其核心在于确定被控侵权技术方案是否落入专利权的保护范围。这一过程需要对涉案专利的权利要求进行详细解析，并结合相关法律规定和司法解释进行综合判断。

权利要求是专利文件的核心部分，其作用是以技术特征的集合界定专利权的保护范围，为专利权人提供排他性权利的法律依据。《专利法》第六十四条第一款规定："发明或者实用新型专利权的保护范围以其权利要求的内容为准，说明书及附图可以用于解释权利要求的内容。"权利要求书是确定专利保护范围的核心文件，应当清楚、简要地限定专利所要求保护的范围，并且应以说明书为依据。

解析权利要求时，要仔细阅读每一个条款，明确其覆盖的技术范围，并结合说明书中的描述来准确界定专利权的保护边界。

3. 侵权产品或方法分析

信息收集。全面收集被控侵权的产品或方法的所有相关信息，不仅包括实物样品，还包括可能涉及的操作手册、技术规格表、广告宣传材料等。这些信息是进行技术分析的基础。

技术拆解。对侵权产品或方法进行技术拆解和功能分析，识别并记录其关键技术特征，与专利文件中的描述进行初步比对。技术拆解可以帮助理解产品的内部构造及其运作原理，通过拆解可以发现某些隐蔽的设计特征。

实际体验。如果可能的话，尝试实际操作或模拟被控侵权产品的使用环境，以便更好地理解其运作机制和技术特点。实际体验有助于发现可能未被文档记录的技术细节。例如，通过用户测试可以获得更直观的感受。

专家咨询。在必要时，向相关领域的专家进行技术咨询，以获得专业的意见和建议，确保分析的准确性。

4. 技术特征比对

技术特征比对是专利侵权判定的核心环节，在专利侵权判定中起到关键作用。技术特征比对是将被控侵权技术与权利要求所保护的技术进行细致的比对分析。

将涉案专利的权利要求中描述的技术特征与被控侵权产品或方法的技术特征进行逐一比对。在侵权判定时，对被控侵权技术进行全面而深入的理解，包括其技术原理、结构、功能和实现方式等，并将权利要求中的每个技术特征与被控侵权技术中相应特征进行逐一对照，从而判定被控侵权产品或方法中的技术方案是否构成专利侵权。

技术特征比对的结果还可能受到权利要求的解释、侵权判定具体原则的适用等多方面因素的影响，需要专业的知识和严谨的分析。

5. 等同性分析

在专利侵权判定中，等同性分析是一项较为复杂且关键的法律原则和方法。等同原则源于美国，并被广泛应用于各国的专利体系中，其核心思想是即使某一方的产品或方法在字面上没有落入专利的权利要求的保护范围，但如果其技术特征与涉案专利的权利要求的技术特征实质上是等同的，则应当认定为侵权。

等同原则旨在确保专利权人的合法权益得到充分保护，防止他人通过非实质性的变更来规避专利侵权责任。在进行等同性分析时，通常需要考虑以下几个方面：①对比被控侵权技术方案与涉案专利的权利要求所采用的技术手段是否实质相同；②分析两者在实现的功能上是否一致；③判断两者所达到的技术效果是否等同。

对于功能性特征，即通过其在发明创造中实现的功能或者效果进行限定的技术特征，如果被控侵权技术方案的相应技术特征是以基本相同的手段实现相同的功能、达到相同的效果，并且本领域普通技术人员无需经过创造性劳动就能够联想到，则该相应技术特征与功能性特征相同或者等同。值得注意的是，等同性的判断并非绝对，需要综合考虑多种因素，并且在不同的司法管辖区可能会有细微的差异和不同的侧重点。

6. 撰写技术调查报告

报告撰写。根据收集到的数据和分析结果，撰写一份详尽的技术调查报告。报告应包含完整的调查过程说明、技术特征比对分析、等同性分析结论等，确保每一项分析都有据可依。

结论呈现。报告应详细记录侵权与否的初步结论，并提供充分的理由支持这一结论。此外，报告还应该包括对任何不确定因素的讨论，以及可能存在的争议点。这样可以使报告更具说服力。

图表辅助。确保报告的语言清晰易懂，即使是不具备专业技术背景的法律专业人士也能理解技术细节。使用图表和示意图辅助说明复杂的概念和技术特征，如流程图、技术示意图等。

7. 证据固定与保存

证据固定。在整个调查过程中，及时固定所有相关的证据，包括但不限于实物样品、电子数据、通信记录等。这些证据是后续法律程序的重要依据。

妥善保存。使用适当的存储方式来保存证据，确保它们不会丢失、损坏或被篡改，并建立一套严格的保管制度。定期检查证据的状态，确保其完整性，并做好备份以防万一。例如，可以使用加密技术保护电子证据的安全。

合法性确认。遵守相关的法律程序，确保所有证据的合法性和合规性，避免因证据不当处理导致的法律风险。例如，按照《中华人民共和国民事诉讼法》的要求，确保证据采集的合法性。

证据清单。编制详细的证据清单，记录每项证据的来源、类型、保存位置等信息，便于管理和查找。

8. 参与听证或庭审

准备资料。在法院或行政机关的听证或庭审过程中，技术调查人员可能需要出庭作证，解释技术调查的过程和结论。因此，必须提前准备好所有的技术资料和证据，确保能够在法庭上有效地展示和解释。

模拟演练。提前进行模拟演练，熟悉可能遇到的各种情况，增强应变能力，确保在正式场合中表现自如，有效传达技术观点。例如，可以模拟法庭问答，提高临场发挥的能力。

客观公正。保持客观公正的态度，遵循法庭程序，回答法官、律师提出的问题，必要时还需与其他专家进行互动。确保提供的信息准确无误，避免误导法庭。例如，可以参照法庭礼仪来规范言行举止。

技术支持。在庭审过程中，可能需要使用多媒体设备展示技术分析结果，确保设备正常运行，并准备好相应的技术支持，以便顺利进行演示。

二、法院和行政机关技术调查的差异

尽管法院和行政机关在处理专利侵权案件时职责不尽相同，但它们在专利侵权判定上的核心目标是一致的——确定是否存在侵权行为。然而，在具体的流程、标准和后续行动上，二者存在显著差异。以下对法院和行政机关在专利侵权判定上的异同点进行梳理。

1. 相同点

侵权判定基础。法院和行政机关都会依据专利权的保护范围来判断侵权行为，这通常涉及专利的权利要求书中的技术特征。根据《专利法》，专利权的保护范围以其权利要求的内容为准，说明书及附图可以用于解释权利要求的内容。无论是在法院还是在行政机关，技术特征的对比分析都是必不可少的步骤。通过对专利的权利要求中描述的技术特征与被控侵权产品或方法的技术特征进行逐一对比，确定是否存在侵权行为。假设一家公司拥有一个关于新型电池的专利，当另一家公司生产类似电池时，法院在侵权诉讼中会通过分解技术特征、逐一比对的方式，判断被诉技术方案是否包含涉案专利权利要求的全部技术特征（相同侵权）或构成等同替换。若涉及专利无效宣告程序，行政机关则会对比涉案专利与现有技术，审查其有效性。法院与行政机关两者都涉及比对具体技术特征，以及判断两者是否相同或等同。

侵权判定原则。无论是法院还是行政机关，都需要考虑"全面覆盖原则"，即被控侵权产品或方法必须包含涉案专利的权利要求的所有必要技术特征才能构成侵权。这意味着，如果被控侵权产品或方法缺少任何一个涉案专利的技术特征，则不应被视为侵权。这一原则确保了专利权人的合法权益得到有效保护，同时也防止了不必要的法律纠纷。如果一款新产品缺少涉案专利中的一项关键技术特征，即使其他特征完全相同，也不会被视为侵权。

等同原则的应用。法院和行政机关都可能应用"等同原则"，即如果被控侵权产品或方法采用的技术特征与涉案专利的权利要求中的特征实质上相同或等同，也可能被视为侵权。等同原则的目的是防止侵权者通过简单的技术改动来规避侵权责任。如果一项技术特征通过不同的形式实现了相同的功能，并达到了相同的效果，那么该特征可以被认为是等同的。例如，一款智能手机的摄像头虽然采用了与涉案专利不同的传感器，但仍然实现了与涉案专利中描述的摄像头相同的功能和效果，那么这款手机可能被视为侵权。

专业辅助。法院可以请专家证人或技术顾问提供专业意见。专家证人可以在法庭上作证，解释复杂的技术问题，帮助法官和陪审团理解技术细节。例如，在一起涉及复杂生物技术的专利侵权案件中，专家证人可以帮助法官理解基因编辑技术的具体细节。行政机关同样可能依赖内部或外部的技术专家进行技术分析和鉴定。专家的意见可以作为行政机关作出行政处理决定的重要参考依据。例如，国家知识产权局在开展专利侵权调查时，也会邀请外部专家进行技术鉴定，以确保判断的准确性。

2. 不同点

流程差异。在法院流程中，专利侵权诉讼通常涉及立案、证据交换、开庭审理、判决等正式司法程序。在立案阶段，原告需要提交详细的起诉状和证据材料；在证据交换阶段，双方可以互相查看对方的证据；开庭审理则是公开的法庭辩论过程；最后由法官作出判决。例如，在一起涉及电子设备的专利侵权案件中，原告需要详细列出侵权证据，并在开庭时进行陈述。而对于行政机关的流程，专利侵权调查可能包括接受投诉、现场检查、证据收集、技术分析、听证与调解等行政程序。在接到投诉后，行政机关会进行初步调查；如果有必要，则进行现场检查，收集相关证据，并进行技术分析。在必要时还会举行听证会，并尝试通过调解解决纠纷。例如，在一起涉及机械装置的专利侵权案件中，行政机关会进行现场检查，收集证据，并对双方进行调解。

权限与效力。法院具有判决权，其判决具有法律约束力，可直接要求侵权方停止侵权并赔偿损失。法院的判决一旦生效，即具有强制执行力。行政机关虽然可以作出行政处理决定，如责令停止侵权、罚款等，但在某些情况下，其决定可能需要法院进一步确认或执行。例如，当事人对行政机关的处理决定不服，可以提起行政诉讼，请求法院重新审理。

救济途径。法院提供了完整的司法救济途径，包括上诉机制。如果当事人对一审判决不服，可以向上级法院提起上诉，请求复审。如果行政机关的处理结果被质疑，当事人可以选择行政复议或行政诉讼的方式寻求进一步的法律救济。行政复议是指当事人对行政机关的具体行政行为不服，向其上级机关申请重新审查的行为；如果对复议结果仍不满意，还可以提起行政诉讼。

可以看出，虽然法院和行政机关在处理专利侵权案件时存在一定的差异，但两者都在努力维护专利权人的合法权益，并确保侵权行为得到应有的法律制裁。无论是司法程序还是行政程序，最终的目标都是为了保障创新者的利益，促进技术创新和社会公平正义。

三、发明/实用新型专利权利要求保护范围的界定

在专利侵权判定的过程中，首先要做的就是确定涉案专利权的保护范围。这是专利侵权判定的关键一步。《专利法》第六十四条第一款规定："发明或者实用新型专利权的保护范围以其权利要求的内容为准，说明书及附图可以用于解释权利要求的内容。"

权利要求书明确界定了专利所有者权利的保护范围，但有时其表述可能存在模糊性或不确定性。因此，权利要求保护范围的界定需要综合考虑技术、法律等方面的问题。在专利文件中，权利要求以权利要求书的形式表现出来，因此权利要求书应当说明发明或者实用新型专利的技术特征，清楚、简要地表述请求保护的范围，即专利权人享有的排他性技术独占权利。对权利要求

含义的准确理解不仅涉及专利权人的专利保护范围，也涉及专利权人以外的社会公众利用技术的界限。

1. 技术特征的界定原则

专利侵权中的技术特征的界定宜采用普通含义解释原则。在开展技术特征的技术调查时，其依据是权利要求的记载，同时结合说明书及其附图，并参考专利审查档案。必要时，可以参考字典、百科全书、专家证言、学术论文等外部证据解释。根据各国专利立法关于权利要求解释的规定和相关理论，发明或者实用新型专利权的保护范围以其权利要求为准，说明书和附图可以用于解释权利要求。权利要求确定的范围必须而且只能以权利要求所含的技术特征的真实内容为准，除此之外的所有证据材料都只是辅助性的，只用于帮助解释者准确理解和确定技术特征的真实含义和内容。

2. 内部证据的重要性

美国联邦巡回上诉法院通过案件 Phillips v. AWH Corp.（2005）和 Vitronics Corp. v. Conceptronic, Inc.（1996）两大判例，确立了专利权利要求解释的"证据等级理论"，明确内部证据优先于外部证据的审查规则，深刻影响了美国专利司法实践。

在案件 Vitronics Corp. v. Conceptronic, Inc.（90 F. 3d 1576, 1996）中，联邦巡回上诉法院首次系统构建了权利要求解释的证据层级规则。内部证据的绝对优先性：权利要求书中术语的"普通含义"需结合上下文整体理解；说明书对权利要求术语的定义具有决定性效力（如说明书对"焊接"明确限定为"激光焊接"，则不得扩张解释为其他焊接方式）；专利权人在审批程序中的陈述可用于限缩解释。外部证据的补充性地位：仅在内部证据模糊或矛盾时，方可参考字典、专家证词等外部证据；外部证据不得用于扩大或限缩内部证据已明确界定的术语含义。该案首次将说明书定位为"权利要求解释的唯一最佳指南"，彻底否定了此前依赖字典优先解释的裁判倾向。

在案件 Phillips v. AWH Corp.（415 F. 3d 1303, 2005）中，联邦巡回上诉法院进一步细化了解释规则。说明书的核心地位：权利要求术语的含义必须与说明书中的使用方式一致，即使该含义与普通含义冲突（例如，说明书明确将"挡板"定义为"垂直结构",则排除倾斜结构的解释);说明书中反复强调的技术特征,可能被推定为对权利要求术语的限制。审查历史的动态解释作用:专利权人为规避现有技术而放弃的技术方案,需通过禁止反悔原则排除等同适用;审查员对权利要求的修改意见可佐证术语的限缩性含义。外部证据的严格限制:专家证词仅用于说明本领域技术常识,不得用于引入说明书未披露的内容;字典定义若与说明书冲突,以说明书为准。典型意义:该案明确"权利要求解释是法律问题而非事实问题",强化了法官基于内部证据独立解释的职权,大幅降低陪审团对外部证据的主观依赖。

基于两案构建的证据等级体系如表 2-2 所示。

表 2-2 证据等级体系

证据类型	效力层级	典型作用
内部证据	①说明书;②权利要求书;③审查历史	界定术语的"专利特定含义"
外部证据	①字典与学术文献;②专家证词;③其他技术资料	辅助解释普通含义或技术背景

根据上述案件可知,权利要求术语的意义和范围应由包括内部证据和外部证据在内的所有证据来确定。依据美国相关理论和案例确定的权利要求解释证据等级理论,内部证据是权利要求解释辅助证据中的第一级,对于确定权利要求中的技术特征的真实含义具有非常重要的作用。

专利说明书。专利说明书是申请人详细阐述其发明的文件,起到"字典"的作用,目的在于明确地或者暗示地定义权利要求中描述技术特征的术语的特别意义。权利要求的保护范围必须以权利要求的内容为准,主要依靠说明书及附图来进行解释。说明书对于确定有争议的权利要求中的术语的意义是唯一且最佳的手册。如果说明书明确表明专利申请人在其权利要求中使用的术语的意思不是普通含义,则说明书应当被优先采纳来确定该术语在权利要求解释中的真实含义。

专利审查文件。专利审查文件作为"内部证据"的一种,完整记录了专利授权过程,包括在专利审查过程中引述的所有在先技术。其主要内容是专利申请人为对权利要求作出恰当的解释,在申请审查过程中对发明专利所做的说明或者陈述。在侵权诉讼中，涉案专利的权利要求解释必须与在专利审查过程中对该专利权利要求的解释保持一致。专利权人不能在专利审查文件中声明其权利要求中不包括某一特定的技术特征，而在后来的侵权诉讼中，又以被控侵权物包含该特定的技术特征指控被控侵权人的行为构成专利侵权。

3. 外部证据的应用

法院有时仅仅通过基础证据和内部证据很难准确理解权利要求中的技术术语，特别是法官在缺少权利要求记载的相关技术知识的情况下，常常依靠外部证据来弥补内部证据的不足。外部证据提供与权利要求记载的技术有关的更为丰富的背景技术信息，以帮助法官准确认定权利要求的真实含义。

外部证据的作用。外部证据一般包括专利所属领域的普通技术人员对于权利要求记载的技术内容的理解、字典、百科全书、专家证言、学术论文等。外部证据，特别是专家证言只能用来帮助法院恰当理解权利要求的真实含义，不能用来改变权利要求的内容，并且根据外部证据得到的结论不能与权利要求内容相矛盾。

谨慎应用外部证据。司法实践中，外部证据资料非常多，法院很难站在专利所属领域的普通技术人员的角度准确地选择恰当的外部证据来对权利要求作出准确的解释，并且在很多情况下学术著作和论文并非普通技术人员所写或者他们完全能理解，特别是个人倾向性比较强的专家证言。因此，在权利要求解释中应当谨慎应用外部证据，避免由于外部证据选择和应用不当导致权利要求解释结论不准确，甚至产生错误的结论。

在专利侵权判定过程中，权利要求的解释是一个复杂的过程，需要综合考虑内部证据和外部证据因素。合理运用这些证据，可以准确界定技术特征，确保专利权人的合法权益得到保护，并维护社会公众的利益。

四、外观设计专利权利要求保护范围的界定

1. 外观设计专利权的保护客体

《专利法》第二条第四款规定："外观设计，是指对产品的整体或者局部的形状、图案或者其结合以及色彩与形状、图案的结合所作出的富有美感并

适于工业应用的新设计。"该法条对外观设计专利的保护客体作出规定，外观设计专利旨在保护产品的外观设计，并不是产品本身，外观设计不能脱离产品而存在，产品是外观设计的载体。

2. 外观设计专利权的保护范围

《专利法》第六十四条第二款规定："外观设计专利权的保护范围以表示在图片或者照片中的该产品的外观设计为准，简要说明可以用于解释图片或者照片所表示的该产品的外观设计。"

首先，关于"以表示在图片或者照片中的该产品的外观设计为准"，专利权人提供的专利产品实物或照片仅能作为帮助理解外观设计的参考，不能作为确定外观设计专利权保护范围的依据。确定外观设计专利权的保护范围时，应以正投影示图、立体图、展开图、剖视图、剖面图、放大图以及变化状态图等确定外观设计的形状、图案或色彩内容（剖视图、剖面图表达的内部结构除外）。参考图通常表示产品用途、使用方法或使用场所，从产品种类角度确定外观设计专利权的保护范围。参考图中包含的其他视图中未表示的内容应予排除，参考图与其他视图表示的内容有差异的，应以其他视图表示的内容为准。除参考图以外的其他视图可以用来确定外观设计专利的形状、图案或色彩。①

其次，关于"简要说明可以用于解释图片或者照片所表示的该产品的外观设计"，其中所谓的"解释"，是指澄清、说明被解释对象自身包含、隐含的内容，而非任意内容，不能超出图片或照片所示的内容。简要说明与图片或者照片不一致时，应以图片或者照片为准。② 简要说明对保护范围有重要影响，所有外观设计专利申请都必须提交简要说明，2023年修订的《中华人民共和国专利法实施细则》（以下简称《专利法实施细则》）第三十一条规定："外观设计的简要说明应当写明外观设计产品的名称、用途，外观设计的设计要点，并指定一幅最能表明设计要点的图片或者照片。省略视图或者请求保护色彩的，应当在简要说明中写明。对同一产品的多项相似外观设计提出一

---

①② 国家知识产权局．专利侵权纠纷行政裁决办案指南［M］．北京：知识产权出版社，2020：154-156．

件外观设计专利申请的，应当在简要说明中指定其中一项作为基本设计。申请局部外观设计专利的，应当在简要说明中写明请求保护的部分，已在整体产品的视图中用虚线与实线相结合方式表明的除外。简要说明不得使用商业性宣传用语，也不得说明产品的性能。"

根据《专利法实施细则》第三十一条及其司法实践，简要说明通过以下方式对外观设计专利权的保护范围产生实质性影响。

（1）色彩保护的明示声明。

若简要说明中明确记载"请求保护色彩"，则该产品色彩搭配方案（包括主色与辅色的组合）被纳入保护范围。例如，某汽车外观设计专利在简要说明中声明保护"银灰色车身+黑色车顶"的配色方案，他人采用相同色彩搭配时即使造型不同，仍可能构成侵权。

（2）设计要点的创新性陈述。

简要说明中声明的设计要点（如"灯具的曲面过渡结构"），在侵权比对时作为重点审查对象。但需注意，设计要点的法律效力受制于整体视觉效果原则——即便某特征未被列为设计要点，若其对整体视觉效果产生显著影响，仍应纳入比对范围。

（3）产品种类与用途的界定功能。

简要说明中记载的产品名称（如"便携式加湿器"）及用途描述（如"用于车载环境"），是确定外观设计产品类别的核心依据。在便携式加湿器案［（2021）京73民初558号］中，法院依据简要说明中的用途记载，将被控侵权产品与专利设计的产品种类认定为相同，进而启动侵权比对。

（4）视图省略的法律推定。

技术性省略：因对称或重复而省略的视图（如左视图与右视图对称），视为已提交，具有限定作用；功能性省略：使用中不可见的视图（如产品底部的仰视图）未提交的，不影响保护范围。

（5）平面产品连续图案的扩展解释。

对于壁纸、纺织品等平面产品，简要说明中记载的连续方式（如"四方连续无边界"）将突破图片显示的局部图案限制。例如，某壁纸专利图片仅显示单个花纹单元，但简要说明注明"四方连续排列"，则保护范围涵盖无限延伸的整体图案效果。

（6）不产生限定效力的声明。

说明事项对保护范围无实质影响，包括指定"最能表明设计要点的图片或照片"，该指定对确定保护范围不产生任何影响；相似外观设计中指定的"基本设计"与其他设计具有同等保护地位。

3. 对外观设计作整体性理解

在确定外观设计专利的保护范围时，应综合考虑各视图以确定外观设计的形状、图案或色彩，以图片或照片表示的整体外观设计为基础确定保护范围。外观设计的保护范围不仅限于单个视图所展示的细节，而是需要综合多个视图，还原出产品的整体视觉效果。这种方法确保了外观设计的保护范围更加全面和准确。

外观设计既包含创新设计部分，也包含现有设计部分，应以其共同形成的整体作为确定保护范围的基础。这意味着在评估外观设计专利的保护范围时，不仅要关注设计中的创新部分，还要考虑这些创新部分如何与现有设计结合，形成一个整体的视觉效果。例如，如果一个产品的外观设计在某些部位采用了现有的设计元素，而在其他部位进行了创新，那么这些创新部分与现有设计部分的结合，共同构成了该外观设计专利的整体保护范围。

对于立体产品，应基于各个视图，还原立体形状作为外观设计内容，而不能孤立地分别以各视图显示的投影线条确定外观设计专利的保护范围。这是因为单一视图可能无法完整地展示产品的三维形状，只有通过多个视图的综合分析，才能准确地还原出产品的立体形态。例如，一个立体产品的主视图、俯视图、侧视图等各个视图的组合，能够更全面地展示产品的整体外观设计，从而为专利保护范围的确定提供更可靠的依据。

此外，在评估外观设计的相似性时，应考虑整体视觉效果的相似度，而不仅仅是局部细节的相似度。例如，即使两个产品的某个局部设计有所不同，但如果整体视觉效果相似，仍可能构成外观设计专利的侵权。因此，法官和专利审查员在评估外观设计时，应注重整体视觉效果的比较，而不仅仅是局部细节的对比。

4. 排除不受保护的外观设计部分

在专利侵权比对中，授权外观设计专利的产品中的某些部分的设计是不受保护的，这些部分在进行侵权比对时应予以排除。排除这些不受保护的部分，有助于更准确地确定外观设计专利的实际保护范围，避免不必要的误判。主要包括如下几个方面。

内部结构设计。普通消费者从图片或照片中不能观察到的产品内部结构，不属于专利权的保护范围。[①] 例如，一个电子产品的内部电路板设计，尽管可能对产品的功能至关重要，但由于消费者无法直接看到这些内部结构，因此它们不在外观设计专利的保护范围内。在评估外观设计的相似性时，应重点关注产品的外部可见部分，而不是内部结构。

功能性设计。外观设计中，由产品技术功能唯一确定的设计内容不属于外观设计专利的保护范围。这意味着如果某个设计特征是实现特定技术功能所必需的，且没有其他替代设计，那么这部分设计就不受外观设计专利的保护。然而，如果存在可供选择替换的外观设计，则相关设计仍然属于专利权保护的范围。[②] 例如，一个瓶盖的设计可能有多种不同的形状，只要这些形状都能实现密封功能，那么这些设计都可能受到外观设计专利的保护。

字音、字义。外观设计中的文字和数字的字音、字义不属于外观设计专利保护的内容，在确定外观设计专利保护范围时，仅将其作为图案考虑。[③] 例如，一个产品的外观设计中包含的文字和数字，其字音和字义不应作为判断外观设计相似性的依据，而应重点考虑这些文字和数字在视觉上的表现形式。如果文字和数字的排列、字体、颜色等视觉效果与其他设计元素相结合，形成了独特的外观设计，那么这些视觉效果可以作为保护内容的一部分。

照片视图中明显不属于要求保护的外观设计的内容。在拍摄照片视图时，可能会产生一些不属于要求保护的外观设计的内容。这些内容包括阴影、对反光表面拍照产生的反光影像，以及照片中显示的产品内装物或衬托物等。这些内容明显不属于外观设计专利权保护的范围，应在侵权比对时予以排除。此外，透视图效果造成的明显偏差、各视图比例不一致等情形也应根据日常

[①②③] 国家知识产权局. 专利侵权纠纷行政裁决办案指南 [M]. 北京：知识产权出版社，2020：156.

经验进行判断，其结论应当是能够毫无疑问直接得出的。① 例如，一张照片中的阴影部分显然不是设计的一部分，不应影响外观设计的保护范围的确定。

　　通过排除这些不受保护的部分，可以确保外观设计专利的保护范围更加明确和合理，避免因无关因素导致的误判。同时，这也为专利权人和潜在侵权者提供了更清晰的指导，有助于维护市场的公平竞争秩序。

---

① 国家知识产权局. 专利侵权纠纷行政裁决办案指南［M］. 北京：知识产权出版社，2020：156.

// 第三章 //

专利侵权判定的章法

第一节　发明/实用新型专利侵权判定的基本原则

一、全面覆盖原则

1. 全面覆盖原则的基本概念

全面覆盖原则是专利侵权判定的核心法律准则，其内涵在于要求被控侵权的技术方案必须完整包含专利权利要求中记载的全部必要技术特征，无论这些特征以字面相同还是法定等同的形式呈现。该原则的确立旨在维护专利权保护范围的公示性与确定性，其法律渊源可追溯至《专利法》第六十四条第一款："发明或者实用新型专利权的保护范围以其权利要求的内容为准，说明书及附图可以用于解释权利要求的内容。"

最高人民法院通过司法解释进一步细化该原则的适用标准。《最高人民法院关于审理侵犯专利权纠纷案件应用法律若干问题的解释》第七条中明确规定"被控侵权技术方案包含与权利要求记载的全部技术特征相同或者等同的技术特征的，人民法院应当认定其落入专利权的保护范围"。此处"等同的技术特征"需满足"以基本相同的手段，实现基本相同的功能，达到基本相同的效果，并且所属技术领域的普通技术人员无需经过创造性劳动就能够想到"的检验标准。

2020年发布的《最高人民法院关于审理侵犯专利权纠纷案件应用法律若干问题的解释（二）》第八条进一步强调，对于功能性技术特征的等同范围，应当以说明书及附图描述的具体实施方式及其等同方式为限制。

全面覆盖原则的核心要求体现为两项不可突破的边界：其一是被控侵权技术方案不得遗漏涉案专利的权利要求中的任何一项必要技术特征，即使该特征对技术效果的贡献较小；其二是权利要求的解释需严格遵循文本记载，禁止通过扩张解释将未明确记载的技术内容纳入保护范围。这一规则在《专利审查指南》（2023年版）第二部分第二章第3.3节中亦有呼应："权利要求中的技术特征可以引用说明书附图中相应的标记，以帮助理解权利要求所记载的技术方案。但是，这些标记应当用括号括起来，放在相应的技术特征后面。附图标记不得解释为对权利要求保护范围的限制。"

从法理价值维度观察，全面覆盖原则通过刚性文本约束与法律拟制的有机结合，既防止专利权人滥用权利主张，又避免侵权人通过非实质性改动逃避法律责任。其制度设计深刻体现了专利法"以公开换保护"的底层逻辑——专利权人通过清晰、完整地公开技术方案换取排他性权利，而社会公众则可以基于权利要求的明确记载合理预判行为边界。

2. 全面覆盖原则的司法实践

全面覆盖原则作为专利侵权判定的基石，其核心在于要求被控侵权技术方案必须完整包含专利权利要求中记载的所有必要技术特征。这一原则通过法律文本的刚性约束与技术方案的弹性解释，在司法实践中衍生出若干典型侵权类型，其适用逻辑与边界可通过以下场景深入阐释。

技术特征完全复现。当被控侵权技术方案与涉案专利的权利要求的技术特征形成镜像对应关系时，构成最显著的侵权类型。例如，在某激光切割机导轨装置案中，涉案专利明确记载了双导轨结构、伺服电机驱动模块、闭环反馈控制系统三项特征，被控侵权产品在结构设计、部件连接关系及控制逻辑上完全复现上述特征组合。在这种情况下，即便被控产品采用更高精度的电机或优化的导轨材质，只要技术特征的实质内容未发生改变，仍落入全面覆盖原则的保护边界。此类案例彰显了专利制度对技术方案形式一致性的严格保护。

下位概念实施上位特征。专利权利要求采用上位概念描述技术特征时，其保护范围天然涵盖本领域普通技术人员可预见的常规下位实施方式。以"连接结构"这一上位概念为例，若专利说明书未明确排除特定连接方式，则螺栓连接、卡扣连接等具体实施均可能构成侵权。在某高分子复合材料增强案中，专利权人使用"纤维增强材料"描述基体材料，被控侵权方采用碳纤维实施。碳纤维作为纤维材料的常规下位概念，其使用属于专利保护范围的合理延伸，除非说明书通过实施例明确排除碳纤维的应用场景。这一规则在《专利侵权判定指南》第三十六条中得到明确支持，但也强调说明书对下位概念的排除性记载具有优先效力。

技术方案叠加与参数限缩。 被控侵权技术方案在完全覆盖涉案专利特征的基础上增加新特征，或对技术参数进行精细化限定，仍可能构成侵权。例如，某化工专利要求反应温度范围为 0~100℃，被控侵权方案将温度精确控制在 30~60℃；又如涉案专利记载"传动装置包含齿轮组与离合机构"，被控侵权产品在此基础上增设润滑模块。此类情形下，新增特征或参数细化均未突破专利权利要求的文字边界，法院通常依据《专利侵权判定指南》第三十七条认定侵权成立。但需注意的是，若新增特征导致技术方案功能发生质变（如从机械传动升级为电磁传动），则可能脱离全面覆盖原则的约束。

技术场景嵌套与从属专利实施。 专利保护范围的认定不受具体应用场景细化的影响。例如，某专利保护"汽车发动机散热器"，被控侵权产品设计为"新能源汽车电池散热器"，若二者散热结构的技术特征完全一致，即便应用对象不同，仍构成侵权。此外，改进专利（从属专利）的实施可能引发双重法律评价。在某无线充电模块散热结构案中，被告虽获得改进专利授权，但因其实施方案完整包含原告基础专利的全部特征，仍被判令停止侵权。此类案例揭示了专利的排他性效力不因技术改进的创造性而削弱，改进专利的实施需以取得基础专利权人许可为前提。

特殊形态的技术覆盖。 对于方法专利而言，步骤顺序的细微调整可能影响侵权判定。例如，涉案专利要求"先混合 A 与 B，再加入 C"，若被控侵权方案改为"先混合 B 与 C，再加入 A"，需审查步骤调整是否实质改变反应机理。在某高分子合成方法案中，法院通过实验数据验证，步骤顺序调整导致产物分子量分布显著差异，最终认定不构成侵权。此类情形凸显全面覆盖原则的适用须结合技术方案的实质作用机理，而非机械地比对步骤数量。

二、等同原则

1. 等同原则的基本概念

等同原则是我国专利制度中平衡技术保护与公示公信的重要规则，其法律框架由《专利法》及其司法解释体系构建。

2001年发布的《最高人民法院关于审理专利纠纷案件适用法律问题的若干规定》第十七条首次引入等同原则，规定"等同特征是指与所记载的技术特征以基本相同的手段，实现基本相同的功能，达到基本相同的效果，并且本领域的普通技术人员无需经过创造性劳动就能够联想到的特征"。该规定在2015年修改时，将等同判断的时间基准从专利申请日调整为侵权行为日，扩大了保护范围："等同特征，是指与所记载的技术特征以基本相同的手段，实现基本相同的功能，达到基本相同的效果，并且本领域普通技术人员在被控侵权行为发生时无需经过创造性劳动就能够联想到的特征。"2020年发布的《最高人民法院关于审理侵犯专利权纠纷案件应用法律若干问题的解释（二）》第八条，对功能性技术特征的等同范围施加严格限制，明确"被控侵权技术方案的相应技术特征是以基本相同的手段，实现相同的功能，达到相同的效果，且本领域普通技术人员在被控侵权行为发生时无需经过创造性劳动就能够联想到的，人民法院应当认定该相应技术特征与功能性特征相同或者等同"。

2. 等同原则的司法实践

等同原则的适用须植根于技术实质而非形式差异，其制度功能在于填补专利文字表述的局限性。通过分析最高人民法院的典型案例，可将其适用场景归纳为以下四类，每类场景均需严格遵循"手段—功能—效果"三重要件检验标准。

技术要素的替代性转换。当被控侵权方案以非创造性手段替换涉案专利的技术特征时，可能构成等同侵权。在某液压伺服控制系统案中，涉案专利要求"焊接连接"，被控侵权产品改用"铆接连接"。法院通过实验数据验证，二者在抗拉强度与振动耐受性上无实质差异，且铆接工艺属于本领域常规技术选择,最终认定等同侵权成立。此类替换的判定需重点考察技术手段的可预见性与行业普遍性。对于复合型替换(即以多个特征组合替代单一特征),法院采用整体效果比对原则。例如,某温控专利采用"温度传感器+控制模块"实现精准控温,被控侵权方案使用"红外探测器+AI算法"控温。尽管技术路径不同,但因达到相同的温度波动控制精度($\pm 0.5℃$),且替换手段属于物联网领域常规技术升级,法院认定其构成等同侵权。

物理结构的适应性调整。技术方案的物理实现形态变化可能引发等同认定争议。在某无线充电模块散热结构案中,涉案专利将散热模块置于设备顶部,被控侵权产品将其调整为侧面安装。通过热力学仿真实验证明,两种布局下的散热效率差异小于5%,且位置调整属于电子产品设计的常规空间优化手段,法院最终判定侵权成立。对于方法专利的步骤顺序调整,司法实践采取技术效果实质同一性标准。例如,某化工专利要求"先混合A与B,再加入C",被控侵权方法改为"先混合B与C,再加入A"。通过反应动力学分析,证明步骤调整未改变产物分子结构,且反应速率差异在工艺允许范围内,法院认定其构成等同侵权。

技术参数的边界性突破。当被控侵权方案技术参数超出涉案专利的权利要求范围时,可能通过等同原则扩展保护边界。在某高分子材料合成案中,涉案专利限定反应温度为80~100℃,被控侵权方案采用105℃。通过差示扫描量热法(DSC)检测,证明温度提升未引发材料相变,且105℃属于该材料热稳定性阈值内的常规工艺调整,结合行业±5%的误差容忍标准,法院认定其构成等同侵权。此类案例凸显出数值范围解释的两条红线:①参数差异不得导致技术效果质变;②替换手段须属于本领域技术人员容易联想到的常规选择。

功能性特征的严格限定。"方法+功能"类权利要求的等同范围受到双重限制。说明书实施例锚定:保护范围不得超出说明书记载的具体实施方式及其等同变形;技术原理同一性:被控侵权技术手段需与涉案专利的技术原理保持实质一致。在某智能仓储分拣系统案中,涉案专利采用光学识别技术实现分拣功能,被控侵权方案改用射频识别(RFID)。尽管二者均实现物品识别目的,但光学识别依赖图像处理算法,而射频识别基于电磁信号解码,技术原理的本质差异导致无法构成等同。

三、禁止反悔原则

1. 禁止反悔原则的基本含义

禁止反悔原则，是指专利法上的审批过程禁止反言，是专利侵权诉讼中的一种法律规则。其含义是，专利权人如果在专利审批（包括专利申请的审查过程或者专利授权后的无效、异议、再审程序）过程中，为了满足法定授权要求而对权利要求的范围进行了限缩（如限制性的修改或解释），则在主张专利权时，不得将通过该限缩而放弃的内容纳入专利权的保护范围。

2. 禁止反悔原则的司法实践

禁止反悔原则从19世纪末美国的判例法中发展而来，其产生受到衡平法上禁止反言原则的影响。禁止反悔原则体现衡平法理念之处在于确定专利法保护范围时，对权利要求书的解释过程中，防止对专利权人过度保护，进而不当地加重不特定第三人注意义务和侵权责任，重视承诺行为的限制作用，以彰显公平正义。[①] 美国司法实践中通过一系列判例，使该原则在理论上得以进一步延伸。其在美国专利法中的定义为：专利权人为了获得专利而放弃的内容不能作为等同物而重新进入专利权保护范围。首先，该定义强调以"为了获得专利"为目标。"获得"是广义上的概念，包括专利申请阶段的授予和无效阶段的维持。其次，所放弃的内容不能以等同物的身份被重新纳入专利权保护范围，进一步明晰了该原则具有限制等同原则的作用。美国热衷于适用该原则解释专利权利要求的保护范围，并不断地利用司法实践研究和讨论适用上的具体问题，而被各国广泛借鉴。之后，大陆法系国家在司法实践中逐步引入等同原则及其限制理论，大陆法系国家普遍将禁止反悔原则的理论基础归为诚实信用原则。

日本虽同为传统的大陆法系国家，但并没有将禁止反悔原则写入专利法中。日本在司法实践中将禁止反悔原则作为等同原则第五要件，即"有意识排除"要件的适用情形之一，根据第五要件的要求，等同侵权的成立须"不

---

① 李洁琼. 专利禁止反悔原则体系化解释：法律基础、定位与完善［J］. 知识产权，2023（10）：98-125.

存在诸如被控侵权产品在专利申请过程中被有意识地排除在专利权利要求之外之类的特别事由"。关于该要件的理论依据,日本最高法院认为在专利审查过程中专利申请人将被控侵权产品有意识地排除在权利要求之外,一旦专利权人一方承认被控侵权产品不属于专利发明的技术范围或者从外观上采取了可作出上述解释的行动,按照禁止反言原则,专利权人此后再作出相反主张是不被允许的。日本学界多数意见也认为第五要件的理论依据是诚实信用原则。

德国法院同样依据诚实信用原则阻止专利权人在侵权诉讼中作出与其在授权确权程序中的限制性修改或陈述不一致的主张。德国逐渐接受利用专利审查档案对权利要求进行解释,就适用禁止反悔原则作出尝试,并给出了以下界定:"如果专利权人在异议程序中进行了限制性陈述,就不得在确定专利权保护范围时对异议程序有关人提出与上述陈述矛盾的主张。"该定义对禁止反悔的提出者作出了身份限制,仅限于提出过异议程序的异议人,这里的异议程序包括但不限于在无效审查阶段提出的异议,并将禁止反悔的内容限制在前述异议程序中限缩的部分。而不同的异议程序限定的对象及内容不同,不同案件之间并不具有参考意义,彼此互相独立,不允许交叉适用。目前,德国也开始有条件地适用禁止反悔原则,只是提出的主体限于与异议程序有关的人,条件较为苛刻。

我国学界将禁止反悔原则作为民法诚实信用原则在专利侵权诉讼中的具体体现。最高人民法院在司法实践中明确指出,禁止反悔原则的法理基础为作为民法基本原则的诚实信用原则,其目的在于阻止专利权人在行政授权确权程序和侵权民事诉讼中对权利要求作出不一致的解释。诚实信用原则要求民事主体信守承诺,不得损害善意第三人对其的合理信赖或正当期待,以平衡权利自由行使所可能带来的失衡。2001年我国以司法解释的形式引入等同原则,与此同时禁止反悔原则也开始在司法实践中得到适用。

在《专利法》第三次修改的过程中,立法者曾试图将等同原则和禁止反悔原则正式纳入《专利法》,但最终未被采纳。2010年1月1日起施行的《最高人民法院关于审理侵犯专利权纠纷案件应用法律若干问题的解释》第六条规定:"专利申请人、专利权人在专利授权或无效宣告程序中,通过对权利要求、说明书的修改或意见陈述而放弃的技术方案,权利人在侵犯专利权纠纷案件中又将其纳入专利权保护范围的，人民法院不予支持。"首次以司法解释的形式正式确立禁止反悔原则。2016 年 4 月 1 日起施行的《最高人民法院关于审理侵犯专利权纠纷案件应用法律若干问题的解释（二）》第十三条规定："权利人证明专利申请人、专利权人在专利授权确权程序中对权利要求书、说明书及附图的限缩性修改或者陈述被明确否定的，人民法院应当认定该修改或者陈述未导致技术方案的放弃。"设立禁止反悔原则适用的"明确否定"例外。①

四、捐献原则

1. 捐献原则的基本含义

捐献原则，是指在说明书或附图中公开但未载入权利要求中的技术方案，被视为自动"捐献"给公众，不被纳入专利权的保护范围，他人使用不被认定为侵权。专利申请人在申请专利时，如果明知某一特定技术方案的存在，且不存在文字表述上的局限性，在没有任何客观阻碍的情况下，选择将该技术方案写入说明书，而不纳入权利要求中，可以推定申请人明确表示不对特定技术方案主张权利。申请人将这部分技术方案披露给公众，但不请求权利，则公众可自由实施该特定技术方案，无需支付费用，该申请人对特定技术方案的处理视为无偿捐献给公众。② 在获得专利授权后，权利人就不能够再利用等同原则，将该技术方案重新纳入专利权范围。

2. 捐献原则的司法实践

捐献原则的确立可追溯至 19 世纪末美国联邦最高法院的经典判例。在 1881 年案件 Miller v. Brass Co. 中，美国联邦最高法院首次明确当专利权人选择在权利要求中限定某一具体技术方案时，视为其已将说明书中披露但未纳入权利要求的其他替代方案捐献给公众。该判决确立了捐献原则的核心逻辑——专利权人通过权利要求划界行为，默示放弃未主张的技术方案。20 世纪中叶，捐献原则的适用范围通过系列判例逐步扩展。1966 年在案件 Graham

---

① 张洋. 专利法中禁止反悔原则的适用问题研究 [D]. 兰州：兰州大学，2023：8-9.
② 江漪，宋静娴. 浅析捐献原则的适用 [J]. 专利代理，2024（1）：34-39.

v. John Deere Co. 中，美国联邦最高法院在审查专利非显而易见性时，重申捐献原则对等同原则的限制功能，强调说明书记载但未写入权利要求的技术内容，不得通过等同原则重新主张权利。此判决推动了美国联邦巡回法院将捐献原则广泛应用于再颁发专利有效性审查、权利要求解释等场景。1997 年在案件 Maxwell v. J. Baker Inc. 中，美国联邦巡回上诉法院明确捐献原则的适用无需证明专利权人存在主观放弃意图，只要说明书中披露的技术方案未被权利要求涵盖，即自动视为捐献给公共领域。这一裁判标准极大强化了原则的客观适用性。2002 年的案件 Festo Corp. v. Shoketsu Kinzoku Kogyo Kabushiki Co. 标志着捐献原则的现代化转型，美国联邦最高法院提出"可预见性标准"，若替代技术方案在专利申请时已被本领域技术人员合理预见，则直接适用捐献原则排除等同侵权；例外情形是仅当专利权人能证明"无法预见该替代方案"或"存在排除捐献的特别理由"时，方可突破原则限制。此判决构建了捐献原则与等同原则的联动适用框架，成为当代美国专利司法实践的基准规则。

英国是全球专利制度发展历程最为悠久的国家，在专利侵权问题的处理态度上也表现出与其他国家较大的差异性和独特性。在英国的专利制度中，并未明文规定捐献原则或与之类似的具体制度。时至今日，英国也并未对捐献规则或其他类似的规定作出明示，但从英国专利制度的传统和发展态势来看，英国在 2017 年承认等同原则，但作为一个具有周边限定主义传统的国家，又不遗余力地加大对等同原则的限制，采纳禁止反悔原则。从捐献原则发展的角度上看，这无疑释放出一个好的信号。但捐献原则作为等同原则的一项限制规则，从规则涉及的角度来看，是在等同原则的基础上设立特殊条件，将一部分本可以适用等同原则的技术方案排除在外。因此，捐献原则的设立有赖于等同原则的发展程度，以及在专利制度运行过程中，专利权人利用等同原则来"两头获利"与社会公共利益之间的矛盾冲突的大小。从英国等同原则的发展进程来看，无论是规则制定者还是规则执行者，对于等同原则的熟练程度都不太高，因此大规模地异化出攫取不正当利益的手段来实现"两头获利"的可能性不大，捐献原则的制度基础和现实基础都尚未成熟。因此，捐献原则在英国落地还有很长的路要走。

德国对专利权利要求的字面解释仍保持着不拘泥于字面含义而追求发明

对象的技术意义为要义的倾向。说明书和附图在解释权利要求时始终起到解释、补充以及明确含义的功能。由于《欧洲专利公约》的影响,德国联邦最高法院逐渐认可了等同原则的基本规则,并认可了等同原则的两大主要要素为置换容易性和想到容易性。等同原则在德国逐渐成熟的同时,有关等同原则的限制规定也逐步得以确认。德国等同原则的抗辩主要包括公知技术抗辩和禁止反悔原则。德国专利法中的禁止反悔原则是指如果专利权人在说明书中没有明确的放弃、限定的记载,原则上不考虑专利申请经过。捐献原则作为等同原则的限制规则之一,却迟迟未出现在德国的司法体系中。

中国专利法中未规定捐献原则,在现行法律体系下,捐献原则主要体现在北京市高级人民法院2001年发布的《专利侵权判定若干问题的意见(试行)》第十五条和最高人民法院2010年发布的《最高人民法院关于审理侵犯专利权纠纷案件应用法律若干问题的解释》第五条中。《专利侵权判定若干问题的意见(试行)》第十五条规定:"仅记载在专利说明书及附图中,而未反映在专利权利要求书中的技术方案,不能纳入专利权保护范围。即不能以说明书及附图为依据,确定专利权的保护范围。(1)如果一项技术方案在专利说明书中做了充分的公开,有具体的描述和体现,但在其权利要求书中没有记载,则应认定该技术方案不在专利保护范围之内,不允许在解释专利权利要求时,将其纳入专利权保护范围。(2)如果专利权利要求书中记载的技术内容与专利说明书中的描述或体现不尽相同,则专利权利要求书中的记载优先,不能以说明书及附图记载的内容'纠正'专利权利要求书记载的内容。(3)如果专利说明书及附图中公开的技术内容范围宽,而专利权利要求书中请求保护的范围窄,则原则上只能以权利要求中的技术内容确定专利权的保护范围。"《最高人民法院关于审理侵犯专利权纠纷案件应用法律若干问题的解释》第五条规定:"对于仅在说明书或者附图中描述而在权利要求中未记载的技术方案,权利人在侵犯专利权纠纷案件中将其纳入专利权保护范围的,人民法院不予支持。"

在司法实践中,捐献原则作为对等同原则的一种约束,其适用通常是为了避免出现专利权人"两头获利"的行为,维护社会公众对专利公示的合理信赖,平衡专利权人与社会公众的利益关系。具体来说,对于在说明书中公开但却未写入权利要求的技术方案,如果不适用捐献原则,对专利权人的保护是较为充分的。但此举一方面会给专利申请人规避对较宽范围的权利要求的严格审查提供便利，另一方面会降低权利要求的划界作用，使专利权保护范围的确定过于灵活，增加了不确定性和公众预测专利权保护范围的难度，不利于专利公示作用的发挥以及公众利益的维护。

五、现有技术抗辩原则

1. 现有技术抗辩原则的基本含义

现有技术抗辩原则，是指被控落入专利权保护范围的全部技术特征，与一项现有技术方案中的相应技术特征相同或等同，或者所属技术领域的普通技术人员认为被控侵权技术方案是一项现有技术与所属领域公知常识的简单组合的，应当认定被控侵权人实施的技术属于现有技术，被控侵权人的行为不构成侵犯专利权。《专利法》第六十七条规定："在专利侵权纠纷中，被控侵权人有证据证明其实施的技术或者设计属于现有技术或者现有设计的，不构成侵犯专利权。"

2. 现有技术抗辩原则的司法实践

现有技术抗辩制度发源于德国，在20世纪时便已经被许多国家采纳。21世纪初，我国审判实践中被控侵权技术方便常提起公知技术抗辩。但是，当时我国的法律中还没有对公知技术是否可以用来提出抗辩进行规定。最早与现有技术抗辩制度有相似作用的规定出现在2001年《最高人民法院关于审理专利纠纷案件适用法律问题的若干规定》的第九条。该规定并没有明确提出被控侵权技术方可以使用的技术是现有技术提出抗辩，但是该规定既提及了公知技术，也给出了被控侵权技术方举证证明技术属于公知技术后可带来的效果——可以不中止诉讼。虽然尚未明确可以由此享有抗辩权，但是也确实给出了申请专利无效以外的其他可能。[①]

2001年9月，北京市高级人民法院发布了《专利侵权判定若干问题的意见（试行）》。此文件是我国最早确立现有技术可以作为抗辩事由的规范性文

---

① 王舒婷. 专利法中的捐献规则研究［D］. 武汉：中南财经政法大学，2020：36-38.

件，但是当时的称谓是"已有技术"。除此以外，该意见还对"已有技术"的概念作出了解释，同时也对抗辩方法、举证责任、等同侵权的判定均作出了具体的规定。这些规定对我国后来建立现有技术抗辩制度积累了立法经验。最初，我国法院由于无权对专利的有效性进行审查，所以在处理专利侵权纠纷时往往需要中止，等待行政机关对专利效力作出的判定结果。现有技术抗辩制度就给被告提供了一种很好的抗辩选择，能够在维护国家权力分配体系的稳定性的同时更快地解决纠纷。

2008年我国修改了《专利法》的第六十二条，正式确立现有技术抗辩制度。2009年，《最高人民法院关于审理侵犯专利权纠纷案件应用法律若干问题的解释》第十四条又对司法实践中现有技术抗辩的审查标准作了规定，将现有技术与被控侵权技术的比对标准规定为相同标准或者无实质性差异标准。2015年修改《最高人民法院关于审理专利纠纷案件适用法律问题的若干规定》时，在其第十七条中规定了专利权保护范围适用的标准——既包含相同标准也包含等同标准，同时也对等同标准作出了进一步说明。2020年《专利法》第四次修正，现有技术抗辩制度的规定从原第六十二条移至第六十七条。①

现有技术抗辩，是专利侵权案件中常见的抗辩理由之一，是被控侵权人针对专利权人依据专利权提出的停止侵害、赔偿损失等请求权的一种防御性主张，以求阻却请求权的效力。现有技术抗辩在专利侵权诉讼中部分替代了专利无效的法律效果，并加速了专利侵权诉讼的审判进程，对人民法院依法审理专利侵权纠纷案件、平衡原告和被告双方的合法权益，具有非常重要的意义。②

六、先用权抗辩原则

1. 先用权抗辩原则的基本含义

《专利法》第七十五条中规定，"在专利申请日前已经制造相同产品、使用相同方法或者已经作好制造、使用的必要准备，并且仅在原有范围内继续制造、使用的"不视为侵犯专利权。即诉讼中被告对原告的侵权指控提出自

---

① 孙大勇. 现有技术抗辩若干实务问题研究［J］. 专利代理，2022（4）：84-90.
② 张琼. 现有技术抗辩制度研究［D］. 南昌：南昌大学，2022：7-8.

己的行为符合这项先用权抗辩、证据充分且获得法院支持，则可以免除侵权责任并在判定的原有范围内继续无偿实施专利技术。

2. 先用权抗辩原则的司法实践

长期以来，美国的专利制度中关于专利权的获取采取的是先发明模式。既然专利权授予第一个发明人，那么理论上在先使用的情形相对于先申请模式而言是较少的。2011年，美国国会修订专利法，此次修订部分内容是将先用权的范围扩大以及将先发明模式改为先申请模式。《美国发明法案》第二百七十三条规定，专利先用权应当符合商业性使用和一年限制的要求。美国专利法规定主张专利先用权的先使用人必须基于商业性使用，包括内部商业性使用和外部的销售、转让等商业行为，并且严格将非商业性的使用行为排除在外。此处的商业性使用，指的是实际发生的使用行为。关于时间限制，美国专利法规定专利先用权中先使用人须在专利申请日或向公众公开日一年之前开始商业性使用。关于技术来源，美国专利法规定先使用人不能以从专利权人或者与专利权人有利害关系的人处获得的专利技术主张先用权抗辩。换言之，直接或者间接从专利权人处得到专利技术不能作为专利先用权的技术来源。

日本关于专利权的获取采取的是先申请模式，其专利法律制度包括特许法、实用新型法和外观设计法等，特许法是关于发明专利的一部法律，该法第七十九条规定了先用权制度。关于技术来源，日本的特许法规定关于专利先用权的技术来源有两种情形，其一是不知道发明的情况下自己作出的发明，其二是不知道发明的内容而从作出发明的人那里获知发明方案。关于事业准备，专利申请时在日本国内实施该发明的人或者准备该事业的人可以主张专利先用权抗辩。关于原有范围，特许法规定在实施或者准备实施的发明以及事业目的范围内，先使用人可以主张专利先用权。可见，日本专利先用权中原有范围的适用标准是发明范围和事业目的范围。①

德国专利法关于专利权的获取采取的是先申请模式，立法者基于公平原则同样制定了先用权制度，以维护先使用人的地位和利益。关于技术来源，

---

① 冯远强. 专利先用权制度的适用研究［D］. 桂林：广西师范大学，2023：23-27.

德国专利法规定独立作出发明的人可以享有专利先用权。关于必要准备，德国专利法的判定标准是同时具备两项内容，其一是客观上与发明有关的行为，其二是主观上有立即实施发明的意图。关于原有范围，德国专利法规定先使用人为了自身事业的需要，在自己或者他人的工厂或者工作场所，享有使用其发明的权利。

先申请模式下，专利权授予最先申请的人，但是先使用人关于该发明创造的先前使用情况是客观存在的，其与专利权人之间的利益冲突也是持续存在的，不应因为专利权的出现而受到影响，这是专利先用权制度的目的之一。然而，专利权已经由法律确定，专利权人的垄断地位当然也因此形成。从形式上来看，先使用人的在先使用行为客观上还是符合专利侵权的特征的，只不过是因为法律将此情形拟定为专利先用权。我国专利法中规定的专利先用权是一种不侵权抗辩的策略，在司法审判中法院的裁判逻辑应该是先判定是否落入专利权的保护范围，再判定是否构成在先使用。

七、无效抗辩原则

1. 无效抗辩原则的基本含义

专利无效抗辩是指法院在审理专利侵权诉讼中，允许被告就原告的涉案专利权提出其无效的请求，以对抗原告的诉讼请求，使法院不予支持。《专利法》第四十五条规定："自国务院专利行政部门公告授予专利权之日起，任何单位或者个人认为该专利权的授予不符合本法有关规定的，可以请求国务院专利行政部门宣告该专利权无效。"

2. 无效抗辩原则的司法实践

我国专利权无效抗辩主要借鉴了德国的职权分离模式，将审查专利效力的职权和审判专利侵权的职权分别赋予不同主体。纵观世界范围内的专利无效抗辩制度，职权分离模式主要为以德国为代表的大陆法系国家和地区所遵循。在德国专利制度设计中，有三个角色发挥了举足轻重的作用，即德国专利商标局、普通法院以及专利法院。德国一直以来都将专利无效程序与专利侵权诉讼严格进行分离处理。对于专利无效程序与专利侵权诉讼的管辖问题，德国将专利侵权诉讼案件交由普通法院负责审理，而专利无效程序则由德国专利法院负责审理。因为职权分离模式的设计，德国普通法院并不享有判定专利是否有效的权力，因此在审理专利侵权纠纷过程中，如果当事人提出专利无效抗辩，则普通法院也同样不得不中止专利侵权诉讼的审理，而要等待专利法院审理专利无效案件并作出相应判定，才能继续恢复审理。①

在美国，审查专利无效并不是某一个机构所独有的专属职权，无论是行政部门还是司法部门，均有权对专利权的效力进行审理。美国专利商标局是行政层面享有对专利权无效申请进行审理的行政机构。美国联邦地区法院是专利侵权诉讼案件的一审管辖法院。由于美国专利相关法律规定联邦地区法院有权就专利无效案件直接进行审理，因此当被控侵权人在侵权诉讼案件审理过程中提出专利无效抗辩时，法院并不将其作为新案件重新立案处理，也并不中止审理专利侵权诉讼案件，而是将两者合并审理。这样一来，无论是专利无效案件还是专利侵权诉讼案件均由同一审判机构审理，缩短了审理时间，避免了不同程序、不同主体因工作衔接不畅所带来的案件审理久拖不决的问题。

作为大陆法系国家，日本职权分离模式的基本构造与德国大体是相同的，即日本也将决定专利权是否有效的权力交给专利行政部门负责审查，而专利侵权诉讼的审判权则赋予普通法院行使。日本专利无效制度的司法层面与德国存在细微差别。2004年，经过对专利法加以修订，日本法院被赋予在专利侵权诉讼中可以有限地行使部分审查专利有效性的权力，这使其与规定普通法院无权审理专利无效案件的德国模式开始有了些许不同。根据日本专利法修改的规定，在专利侵权诉讼中，经被控侵权人提出无效抗辩，在审法院如果有充分理由认为该专利权依照专利无效程序审查应该被认定无效的，可以判决专利权人不能向被控侵权人行使排他权利。为了避免赋予法院审理专利无效的权力而导致与特许厅的无效审查结论出现冲突，日本专利法在修订时也对普通法院审查专利无效的权力进行了相应的范围限定。即普通法院在专利侵权诉讼中作出的专利无效认定仅在该案件范围内产生效力。换句话说，该专利无效认定仅在诉讼双方当事人之间产生法律约束，而不具有对外效力。而专

---

① 张达铭. 专利侵权诉讼中的专利无效抗辩问题研究［D］. 南宁：广西大学，2023：18-22.

利是否真正无效，其审查仍是由特许厅来负责。这就是个案专利无效制度。

　　我国在司法实践中，被告在专利侵权诉讼中可提出的抗辩事由并不包含专利无效抗辩，因此法院是在专利权有效推定的原则下审理专利侵权纠纷。法院只判定被告的行为是否侵犯原告的专利权，而不涉及涉案专利的有效性认定。被告若提出专利无效抗辩，只能向国务院专利行政部门提出专利无效宣告请求。法院可根据案件的具体情况裁定是否中止诉讼程序，若中止程序，需等到专利有效性认定结果出来后才能恢复审理。这似乎赋予了法院一定的自由裁量权，但实务中法院为了避免出现司法机关和专利行政机关认定结果不一致的情况，在被告向专利行政机关提出专利无效宣告请求后，法院倾向于中止诉讼。

第二节 外观设计专利侵权判定的基本方法

外观设计专利与发明或者实用新型专利的保护客体不同，在侵权判定规则上也存在差异。发明或实用新型专利侵权判定在于，按照全面覆盖原则，判断被控侵权产品的技术特征是否囊括了专利所保护的所有技术特征（相同侵权）或者被控侵权产品的技术特征与专利所保护的所有技术特征等同（等同侵权）。

在外观设计专利侵权判定过程中，则以外观设计是否相同或近似作为判定标准，即涉嫌侵权设计与涉及外观设计专利保护的产品外观相同或者近似，是认定涉嫌侵权设计落入外观设计专利权的保护范围的条件之一。

外观设计专利侵权判定中，首先要对专利保护范围进行确定，然后再判断被控侵权产品是否与涉案专利属于相同或相近种类产品上的相同或相似设计。

根据《专利法》及相关司法解释，以下是对外观设计专利侵权行为认定的详细解析。

一、侵权行为认定涉及的主客体

在外观设计专利侵权判定的过程中，首先要明确的是谁来判定侵权行为以及如何进行判定。

1. 侵权判定的主体

外观设计专利侵权判定的主体是外观设计专利相关种类产品的一般消费者。这是一个法律拟制的角色，不具备创新设计能力。

根据《最高人民法院关于审理侵犯专利权纠纷案件应用法律若干问题的

解释》第十条的规定，人民法院应当以外观设计专利产品的一般消费者的知识水平和认知能力，判断外观设计是否相同或者近似。这里的"一般消费者"，是指对授权外观设计的相关设计状况具有常识性了解，并且对不同外观设计之间在形状、图案、色彩上的差别具有分辨力的人，但其通常不会注意到形状、图案、色彩的微小变化。

常识性了解不应理解为基础性、简单性的了解，而应当是指通晓相关外观设计状况，但不具备设计能力。例如，对于汽车发动机的一般消费者来说，应当对发动机及其相近种类产品具有常识性了解，能够分辨汽车发动机的形状、图案和色彩，也能获得发动机或其相近种类产品的现有设计。

"一般消费者"是为了使判断结论更为客观、准确而确立的抽象判断主体，其具有特定的知识水平和认知能力。从知识水平的角度而言，一般消费者对于与外观设计专利产品相同或相近类别的产品具有常识性的了解，熟悉相关产品上的惯常设计。从认知能力的角度而言，一般消费者对于形状、色彩、图案等设计要素的变化仅具有一般的注意力和分辨力，其关注外观设计的整体视觉效果，不会关注外观设计专利与对比设计之间的局部细微差别。

2. 外观设计专利侵权判定的客体

在外观设计专利侵权判定中，应将授权公告文本或者被无效宣告决定确定的专利文本中记载的涉案专利的外观设计与被控侵权产品中的相关设计内容进行比较，不得将当事人主张的涉案专利产品与被控侵权产品直接进行对比。①

授权公告文本。授权公告文本是官方公布的专利文件，包含外观设计的图片或照片以及简要说明，是判定专利侵权的基础。例如，某公司申请了一项关于新型手机外壳的外观设计专利，那么授权公告文本中将包含该外观设计的图片或照片以及简要说明，这些内容界定了专利保护的范围。简要说明可以用于解释外观设计专利的内容，帮助理解专利的具体技术特征。例如，简要说明可能会详细描述手机外壳的设计细节，包括独特的纹理和颜色搭配。

被控侵权产品。被控侵权产品指的是涉嫌侵犯专利权的产品。在侵权判定

---

① 国家知识产权局. 专利侵权纠纷行政裁决办案指南 [M]. 北京：知识产权出版社，2020：161.

中，需要将被控侵权产品的外观设计与授权公告文本中的外观设计进行比较。

在比较时，应重点关注被控侵权产品的形状、图案、色彩等设计特征，判断其是否与涉案专利的图片或照片中描述的设计相同或近似。

二、侵权判定方法

关于是否构成外观设计专利侵权的判定，《最高人民法院关于审理侵犯专利权纠纷案件应用法律若干问题的解释》第八条规定："在与外观设计专利产品相同或者相近种类产品上，采用与授权外观设计相同或者近似的外观设计的，人民法院应当认定被控侵权设计落入专利法第五十九条第二款规定的外观设计专利权的保护范围。"在判断被控侵权产品是否与涉案专利构成相同或近似时，首先要判断相关产品在种类上是否相同或者相近。当产品的种类既不相同也不相近时，即使被控侵权产品的形态（形状、图案、色彩）与涉案专利相同或近似，也不能认定被控侵权产品落入专利权的保护范围。[①]

1. 比较的对象和方法

比较的对象应该是授权公告文本中记载的涉案专利的外观设计，而不是当事人主张的涉案专利产品本身。这是因为专利侵权判定的核心在于专利权的保护范围，而不是具体产品的实物。例如，一家公司声称另一家公司的手机外壳侵犯了其外观设计专利，那么需要将被控侵权的手机外壳与授权公告文本中的设计进行比较，而不是直接对比两部手机。

在比较的方法方面，首先，从授权公告文本中提取涉案专利的外观设计特征，即从授权外观设计专利的图片或照片中提取外观设计要素，包括形状、图案以及色彩。其次，对被控侵权产品的外观设计进行详细分析，提取其形状、图案、色彩等设计特征。最后，将两者的设计特征进行逐一比较，判断是否存在相同或近似的设计特征。如果被控侵权产品的外观设计与涉案专利的权利要求的外观设计完全相同，则构成侵权；如果存在细微差异，但整体视觉效果相似，则依然构成侵权。

[①] 国家知识产权局. 专利侵权纠纷行政裁决办案指南［M］. 北京：知识产权出版社，2020：160-186.

2. 相同或者相近种类产品的判断

《最高人民法院关于审理侵犯专利权纠纷案件应用法律若干问题的解释》中的第九条规定"人民法院应当根据外观设计产品的用途，认定产品种类是否相同或者相近。确定产品的用途，可以参考外观设计的简要说明、国际外观设计分类表、产品的功能以及产品销售、实际使用的情况等因素"。

其中依据外观设计分类号相同可以初步推定产品种类相近，该分类表将产品分为多个大类和小类，通过查找涉案专利产品和被控侵权产品在分类表中的位置，可以初步判断它们是否属于相同或相近种类的产品。然而，分类表的分类标准并非绝对精确，实际应用中还需结合产品的具体特征和用途进行判断。

用途方面，需综合考虑产品的使用场景、消费群体、功能属性具体判断产品的用途，用途是判断产品是否属于相同或相近种类产品的首要因素。如果两种产品在功能和用途上基本相同，即使它们的外观差异较大，也可能被认定为相同或相近种类的产品。例如，一款普通手机和一款折叠手机，虽然外观形态有所不同，但它们的主要用途都是用于通信和信息处理，因此属于相同种类的产品。在判断用途时，需从产品的实际使用场景、消费者对产品的认知以及产品的功能实现方式等方面进行综合考虑。

产品的市场销售渠道反映了产品的销售对象和销售环境，也是判断产品种类的一个重要方面。如果两种产品在同一销售渠道中销售，且销售对象相同，那么它们有可能属于相同或相近种类的产品。例如，化妆品店中销售的口红和眼影，虽然用途不同，但销售渠道相同，且消费者在购买时会将它们视为化妆品这一大类中的产品，因此，在外观设计侵权判定中，它们可能被认定为相近种类的产品。

在判断产品是否属于相同或者相近种类时，消费者对产品的认知是判断相同或相近种类产品的重要视角。消费者在购买和使用产品时，往往根据产品的外观特征和功能用途来识别和选择。如果普通消费者在购买时可能将两种产品混淆，或者认为它们属于同一类别的产品，那么这两种产品则有可能被认定为相同或相近种类的产品。例如，在市场上，一些小型的电子设备，如蓝牙音箱和智能音箱，虽然在功能上有所差异，但外观上可能较为相似，消费者在购买时可能会将它们视为相近种类的产品。

3. 相同或近似的判断

侵权判定中相同或近似的判断方式包括单独对比、直接观察、仅以产品外观作为判断对象、整体观察、综合判断等。单独对比是指将一件被控侵权产品的相关设计内容与涉案专利的一项设计进行对比，不能将两项或者两项以上外观设计结合起来进行对比。直接观察是指观察者仅凭普通视觉、不借助放大镜、显微镜等其他仪器或手段进行观察。仅以产品外观作为判断对象是指在侵权判定中，仅以产品外观作为比较对象，考虑要求保护的形状、图案、色彩产生的视觉效果。整体观察是指从外观设计的整体出发，对其全部设计特征进行整体观察，而不能仅从外观设计的局部出发。综合判断是指在考察各设计特征对外观设计整体视觉效果影响程度的基础上，对能够影响整体视觉效果的所有因素进行综合考量，而不能把外观设计的不同部分割裂开来予以判断。

《最高人民法院关于审理侵犯专利权纠纷案件应用法律若干问题的解释》第十一条中规定，人民法院认定外观设计是否相同或者近似时，应当根据授权外观设计、被控侵权设计的设计特征，以外观设计的整体视觉效果进行综合判断。

外观设计相同是指涉案专利与被控侵权产品是相同种类产品的外观设计，并且被控侵权产品的设计要素与涉案专利的相应设计要素相同。外观设计近似是指在涉案专利与被控侵权产品属于相同或相近种类的情况下，如果被控侵权产品的相关设计内容的设计要素与涉案专利要求保护的设计要素的区别对产品外观设计的整体视觉效果不具有显著影响，二者属于近似的外观设计。

将被控侵权产品的外观与专利文件中的图片或照片进行对比，无实质性差异时，构成相同侵权；若非相同侵权，应进一步判断差异的大小，是否属于整体视觉效果上的实质性差异。如果不存在实质性差异，则仍然可以得出侵权的结论，类似于发明专利与实用新型专利的等同侵权；如果存在实质性差异，则不构成侵权。例如，一款手机外壳的形状、图案和色彩与涉案专利的权利要求描述完全一致，那么就构成了相同侵权；如果存在一些细微差异，但整体视觉效果相似，则依然构成侵权。对于主要由技术功能决定的设计特征以及对整体视觉效果不产生影响的产品的材料、内部结构等特征，应当不予考虑。

4. 判断要点

在判断区别点对于产品的整体视觉效果是否具有显著影响时，需要根据涉案专利产品的设计空间、区别点所在部位是否易见、区别点是否为局部细微差异等因素作出综合判断。①

一般而言，产品正常使用时容易被直接观察到的部位相对于其他部位对整体视觉效果更具有影响力，施以一般注意力不易察觉的局部细微变化对于产品的整体效果通常不具有显著影响。

外观设计专利区别于现有设计的设计特征相对于外观设计专利的其他设计特征对整体视觉效果更具有影响力。如果被控侵权产品与涉案专利外观设计的区别点仅在于局部的细微变化，没有导致二者整体视觉效果产生实质性差异，则被控侵权产品与涉案专利外观设计近似。例如，一款手机外壳的设计特征与涉案专利相比，在正面几乎完全相同，但在背面有一些细微的不同，那么这些细微的不同通常不会对整体视觉效果产生显著影响，因此可能构成近似侵权。

三、设计空间在侵权判定中的考量

在判断区别点对于产品的整体视觉效果是否具有显著影响时，设计空间是一个重要的考量因素。"设计空间"这个概念来源于欧洲外观设计制度中的设计自由度，它通常指设计者对产品外观设计的创作自由度。换句话说，设计空间就是在排除了公知设计、惯常变化、功能性设计和非装饰性设计之后的创作空间。

1. 设计空间的概念

设计空间是指设计者在创作特定产品外观设计时的自由度。这一概念考虑了设计者在特定产品领域中的设计自由度通常受到现有设计、技术、法律

---

① 国家知识产权局. 专利侵权纠纷行政裁决办案指南［M］. 北京：知识产权出版社，2020：168.

以及观念等多种因素的制约和影响。特定产品设计空间的大小与认定该外观设计产品的一般消费者对同类或者相近类产品外观设计的知识水平和认知能力具有密切关联。

2. 设计空间的重要性

设计空间的概念首次出现在我国的司法实践中是在《最高人民法院知识产权案件年度报告（2010）》引用的一个典型案例中。在万丰公司"摩轮车车轮"外观设计专利权无效行政案〔（2010）行提字第5号〕中，最高人民法院认为，设计空间对于确定相关设计产品的一般消费者的知识水平和认知能力具有重要意义；在外观设计相同或者相似的判断中，应该考虑设计空间或者说设计者的创作自由度，以便准确确定该一般消费者的知识水平和认知能力。

3. 设计空间在司法解释中的确认

《最高人民法院关于审理侵犯专利权纠纷案件应用法律若干问题的解释（二）》第一次通过司法解释对设计空间这个提法予以确认。该解释第十四条规定："人民法院在认定一般消费者对于外观设计所具有的知识水平和认知能力时，一般应当考虑被控侵权行为发生时授权外观设计所属相同或者相近种类产品的设计空间。设计空间较大的，人民法院可以认定一般消费者通常不容易注意到不同设计之间的较小区别；设计空间较小的，人民法院可以认定一般消费者通常更容易注意到不同设计之间的较小区别。"[①]

4. 设计空间的实际应用

由于外观设计是否相同或相似的判断主体是一般消费者，这与其他专利类型以本领域技术人员作为判断主体有所不同。而一般消费者的知识水平及认知能力应该如何确定，设计空间就是一个非常重要的参考因素。

设计空间较大的情况。 当设计空间较大时，意味着设计者在创作时有更多的自由度。在这种情况下，市场上会出现更多形式多样、风格各异的产品

[①] 该文件在2020年修正时未对第十四条进行修改。

外观设计。因此，一般消费者通常不容易注意到不同设计之间的较小区别。

例如，时尚界的服装设计就是一个设计空间较大的领域。设计师可以发挥无限的创意，创造出各种独特的设计。消费者通常不会注意到衣服上的细微差别，而是更关注整体的风格和视觉效果。如果一款服装设计与另一款服装设计在整体风格上相似，但细节上有所不同，那么在设计空间较大的情况下，一般消费者可能不会注意到这些细微差别，从而可能导致侵权认定。

设计空间较小的情况。 当设计空间较小时，意味着设计者在创作时受到更多的限制。在这种情况下，市场上出现的产品外观设计相对较少，风格也较为相似。因此，一般消费者通常更容易注意到不同设计之间的较小区别。

例如，汽车零部件的设计就是一个设计空间较小的领域。由于技术限制和功能性要求，设计者的选择相对有限，市场上出现的汽车零部件外观设计较为相似。消费者在这种情况下更容易注意到不同设计之间的细微差别。如果一款汽车零部件设计与另一款设计在细节上有所不同，那么在设计空间较小的情况下，一般消费者通常会注意到这些细微差别，从而减少侵权的可能性。

5. 具体案例分析

以万丰公司"摩轮车车轮"外观设计专利权无效行政案为例，最高人民法院强调了设计空间的重要性。在这个案例中，摩轮车车轮的设计空间较大，市场上出现了许多形式多样、风格各异的车轮设计。因此，一般消费者通常不容易注意到不同设计之间的较小区别。在这种情况下，如果一款车轮设计与专利设计在整体风格上相似，但细节上有所不同，那么一般消费者可能不会注意到这些细微差别，从而可能导致侵权认定。

另一个例子是汽车零部件的设计。假设某公司设计了一款新的汽车引擎盖，而另一家公司也设计了一款类似的引擎盖。由于汽车零部件的设计空间较小，市场上出现的引擎盖设计较为相似。在这种情况下，一般消费者通常更容易注意到不同设计之间的细微差别。如果两款引擎盖在细节上有所不同，那么一般消费者通常会注意到这些细微差别，从而减少侵权的可能性。

通过以上案例，我们可以看到设计空间在外观设计专利侵权判定中的重要性。在设计空间较大的情况下，一般消费者通常不容易注意到不同设计之间的较小区别；在设计空间较小的情况下，一般消费者通常更容易注意到不同设计之间的较小区别。这些因素共同决定了被控侵权产品是否落入专利权的保护范围。

四、外观设计专利的不侵权抗辩

外观设计专利侵权诉讼中的抗辩路径可分为两类：不侵权抗辩与免责抗辩。

不侵权抗辩是最为常见的抗辩策略。不侵权抗辩的核心在于否定侵权事实的成立。其判断方法是按照前述内容进行判断，从产品种类是否同或相近以及被控侵权产品与涉案专利在整体视觉效果上是否存在显著差异方面进行抗辩。在产品种类上，如果者不属于相同或相近种类的产品，则不构成侵权。例如，在某些案例中，被控侵权产品与专利产品在功能、用途或消费者认知上存在明显差异，即使外观有相似之处，也可能不构成侵权。在整体视觉效果比对方面，即使被控侵权产品与涉案专利在某些设计特征上存在相似之处，但如果整体视觉效果上存在明显差异，或者这些差异对整体视觉效果具有显著影响，则可以认定不构成侵权。本书在第四章第二节中将通过具体案例进行介绍。

免责抗辩则适用于被控侵权设计落入专利保护范围的情形，旨在免除或减轻法律责任。免责抗辩包括现有设计抗辩、合法来源抗辩、先用权抗辩、专利权效力抗辩等多种类型。其中，现有设计抗辩是最重要的抗辩手段，其法律依据为《专利法》第六十七条。被告需通过专利申请日前的公开出版物、销售记录、展会资料等证据，证明被控侵权设计属于现有设计或与现有设计无实质性差异。例如，通过电商平台历史销售页面截图、产品实物照片等，可有效证明相同或近似设计在专利申请日前已公开。若现有设计抗辩成立，法院将直接判定不侵权，无需进一步审理其他争议焦点。合法来源抗辩，法律依据为《专利法》第七十七条，即证明被控侵权产品是通过合法渠道取得的（如提供完整采购合同、发票、付款凭证），且被告主观上不知晓侵权事实。先用权抗辩的法律依据为《专利法》第七十五条，需举证在专利申请日前已实际制造相同产品或完成生产准备（如提交设计图纸、生产设备采购记录等）。需注意的是，先用权的实施范围不得超出原有规模，否则可能被认定为侵权行为。

1. 现有设计抗辩的基本原理

《专利法》第六十七条规定："在专利侵权纠纷中，被控侵权人有证据证明其实施的技术或者设计属于现有技术或者现有设计的，不构成侵犯专利权。"现有技术抗辩时，应特别注意比较对象是将一项现有设计与被控侵权产品的外观设计进行比较。现有设计产品种类与被控侵权产品种类相同或相近是判断被控侵权产品外观设计是否属于现有设计的前提。如果二者产品种类不相同且不相近，则可直接认定被控侵权产品外观设计不属于现有设计，现有设计抗辩不成立。

2. 适用现有设计抗辩的步骤

在专利侵权案件中，当被控侵权产品外观设计落入涉案专利的保护范围时可通过现有技术抗辩，通过对比被控侵权产品属于现有设计来抗辩不侵权。现有设计抗辩与不侵权抗辩的对比具有类似之处，同样包括产品种类的比较、相同或者实质相同的判断。

（1）产品种类的比较。

首先，需要确定被控侵权产品和现有设计的产品是否属于相同或相近的种类。这是现有设计抗辩能否成立的前提条件。如果被控侵权产品和现有设计的产品种类不相同或不相近，则可以直接认定被控侵权产品的外观设计不属于现有设计，现有设计抗辩不成立。在认定产品种类是否相同或相近时，应当以产品的用途为依据。如果用途相同，则产品种类相同；如果用途相近，则产品种类相近。例如，一款手机外壳设计被指控侵权，那么需要查明是否有已公开的手机外壳设计与其相似。如果现有的设计是手表外壳，显然与手机外壳不属于同一类别，那么现有设计抗辩自然不成立。

（2）相同或实质相同的判断。

当被控侵权产品的外观设计与现有设计相同（无差异）或者无实质性差异时，即认为被控侵权产品的外观设计属于现有设计，现有设计抗辩成立。

相同设计。如果被控侵权产品的外观设计与现有设计在形状、图案、色彩等方面几乎没有差异，那么可以认为二者属于相同设计。例如，两款手机外壳设计在形状、图案和色彩上完全一致，没有任何差异，则认为二者属于相同设计。

实质相同设计。如果被控侵权产品的外观设计与现有设计存在一些细微差异，但这些差异不影响整体视觉效果，也可以认为二者属于实质相同的外观设计。例如，两款手机外壳设计在形状和图案上基本一致，但在某个局部图案的颜色上有细微差异，但这些差异不会使一般消费者感到显著不同，则认为二者属于实质相同的外观设计。

3. 实际应用中的注意事项

在实际应用中，现有设计抗辩的提出和判断需要遵循一系列的注意事项，以确保抗辩的有效性和合理性。以下是一些关键点。

证据的准备。在提出现有设计抗辩时，需要准备充分的证据来证明现有设计的存在。这通常包括但不限于专利文献、公开出版物、产品样本、销售记录等。例如，如果能找到一份公开的专利文献，其中描述了与被控侵权产品相似的设计，那么这份文献可以作为现有设计抗辩的有力证据。此外，公开出版物如杂志、报纸、学术论文等，也可以作为证明现有设计存在的有效证据。产品样本和销售记录则可以证明该设计已经在市场上公开使用，进一步强化现有设计的抗辩理由。

一般消费者的视角。在进行外观设计比较时，需要从一般消费者的视角出发，而不是从专业设计师或技术专家的角度出发。一般消费者通常不会注意到细微的差别，而是更关注整体的视觉效果。因此，在判断是否属于现有设计时，需要考虑到这一点。如果两个设计在某些细节上有所不同，但整体视觉效果相似，一般消费者可能难以区分这两个设计。在这种情况下，现有设计抗辩可能更容易成立。相反，如果两个设计在整体视觉效果上有明显的区别，即使某些细节相似，现有设计抗辩也不成立。

设计空间的影响。设计空间的大小也会影响现有设计抗辩的成立与否。在设计空间较大的领域，一般消费者通常不容易注意到不同设计之间的较小区别；在设计空间较小的领域，一般消费者通常更容易注意到不同设计之间的较小区别。例如，在汽车零部件设计领域，由于设计空间较小，一般消费者更容易注意到不同设计之间的细微差别，因此现有设计抗辩可能更容易成立。而在电子产品设计领域,由于设计空间较大,一般消费者可能不太容易注意到设计之间的细微差别,因此现有设计抗辩可能相对较难成立。

现有设计抗辩的有效性取决于多方面的因素,包括证据的充分性、一般消费者的视角以及设计空间的大小。在实际操作中,应综合考虑这些因素,确保抗辩的合理性和准确性。这不仅有助于保护专利权人的合法权益,也有助于维护市场的公平竞争秩序。通过这些注意事项,可以更好地应对复杂的外观设计侵权案件,确保司法和行政执法的公正性和专业性。

第四章

侵权判定案例中的智慧

第一节 发明/实用新型专利侵权判定案例

一、适用全面覆盖原则的典型案例

全面覆盖原则是专利侵权判定中的一个基本且重要的原则，其核心思想是被控产品或方法必须具备专利权利要求中所描述的每一项特征，缺一不可，即如果产品或方法要被认定为侵犯专利权，它必须完全符合专利权利要求书中的所有技术特征。全面覆盖原则是指被控侵权物包含了专利权利要求中的全部必要技术特征，或者少于独立权利要求记载的必要技术特征，或者采用相应的下位概念时，构成相同侵权。

1. 常见案例类型

全面覆盖原则是指被控侵权产品或方法必须涵盖专利权利要求中所有的技术特征，才能构成侵权。以下是常见的案例类型。

（1）完全覆盖。

在这种类型的案例中，被控侵权产品或方法的技术方案与涉案专利的权利要求书中记载的全部必要技术特征完全相同，并能一一对应。从字面表述上可以认定被控侵权物的技术与涉案专利的权利要求书上记载的全部必要技术特征完全相同。

 示 例*

多功能电饭煲

专利权利要求：涉案专利的权利要求中描述了一种多功能电饭煲，包含以下四个必要技术特征，即可拆卸内胆、多段加热控制、液晶显示屏和预设烹饪程序。

被控侵权产品：被控侵权的电饭煲同样具有可拆卸内胆、多段加热控制、液晶显示屏和预设烹饪程序这四个技术特征。

分析：在这个案例中，被控侵权产品的技术方案与涉案专利的权利要求书中记载的全部必要技术特征完全相同，并且能够一一对应。因此，根据全面覆盖原则，可以认定被控侵权产品构成了相同侵权。

（2）上位概括。

在这种类型的案例中，专利权利要求中使用了较为宽泛的术语，而被控侵权产品或方法采用了具体或特定的实施方式。这种情况下，如果被控侵权产品或方法涵盖了涉案专利的权利要求中的所有技术特征，即使具体实现方式不同，也可能构成侵权。

示 例

连接装置

专利权利要求：涉案专利的权利要求中描述了一种"连接装置"，用于连接两个部件。

被控侵权产品：被控侵权产品使用了一种具体的"螺纹连接装置"。

分析：在这个案例中，涉案专利的权利要求中使用了较为宽泛的术语"连接装置"，而被控侵权产品采用了一种具体的"螺纹连接装置"。尽管具体实现方式不同，但如果"螺纹连接装置"满足了"连接装置"的所有特征，则可能构成侵权。因此，根据全面覆盖原则，可以认定被控侵权产品构成了侵权。

---

* 本书中案例示例的作用是更好地解释说明侵权判定中的技术问题，并非真实的典型案例详解。

（3）术语表达。

在这种类型的案例中，涉案专利的权利要求中使用了特定的技术术语，而被控侵权产品或方法使用了不同但具有相同或类似含义的术语。这种情况下，如果被控侵权产品或方法涵盖了涉案专利的权利要求中的所有技术特征，则可能构成侵权。

—— 示例 ——

数据传输模块

专利权利要求：涉案专利的权利要求中描述了一种"数据传输模块"，用于在设备之间传输数据。

被控侵权产品：被控侵权产品使用了"数据转发单元"。

分析：在这个案例中，涉案专利的权利要求中使用了"数据传输模块"这一特定术语，而被控侵权产品使用了"数据转发单元"。如果这两个术语含义基本相同，其他技术特征也一一对应，则可能构成侵权。

（4）部分特征缺失。

在这种类型的案例中，被控侵权产品或方法缺少涉案专利的权利要求中的一个或多个技术特征。这种情况下，即使其他所有特征都相同，也不会构成侵权。

—— 示例 ——

自动锁紧门锁

专利权利要求：涉案专利的权利要求中描述了一种"带有自动锁紧功能的门锁"。

被控侵权产品：被控侵权产品具备涉案专利的其他所有特征，但缺少"自动锁紧功能"。

分析：在这个案例中，被控侵权产品虽然具备涉案专利的其他所有特征，但缺少了专利权利要求中的"自动锁紧功能"。根据全面覆盖原则，由于缺少了一个必要的技术特征，因此不会构成侵权。

(5) 额外特征。

在这种类型的案例中,被控侵权产品或方法包含涉案专利的权利要求中所有技术特征,同时还包含一些额外的特征。这种情况下,如果额外特征并不影响专利权利要求中所有技术特征的实现,则可能构成侵权。

—— 示例 ——

智能温控系统

专利权利要求:涉案专利的权利要求中描述了一种"智能温控系统",用于自动调节室内温度。

被控侵权产品:被控侵权产品除了具备智能温控功能,还添加了湿度控制功能。

分析:在这个案例中,被控侵权产品不仅具备涉案专利的权利要求中描述的所有技术特征(智能温控功能),还添加了额外的湿度控制功能。如果湿度控制功能并不影响智能温控功能的实现,则可能构成侵权。因此,根据全面覆盖原则,可以认定被控侵权产品构成了侵权。

(6) 变劣实施。

在这种类型的案例中,被控侵权产品或方法采用了比涉案专利的权利要求中描述的技术方案更劣质的实施方式。这种情况下,如果被控侵权产品或方法仍然涵盖了专利权利要求中的所有技术特征,则可能构成侵权。

—— 示例 ——

高效节能灯

专利权利要求:涉案专利的权利要求中描述了一种"高效节能灯",具有高光效和长寿命的特点。

被控侵权产品:被控侵权产品也具备高光效和长寿命的特点,但其光效和寿命略低于涉案专利的权利要求中描述的标准。

分析:在这个案例中,被控侵权产品虽然在光效和寿命上略低于涉案专利的权利要求中描述的标准,但仍然涵盖了专利权利要求中的所有技术特征。根据全面覆盖原则，即使技术指标略有降低，也可能构成侵权。

（7）组合实施。

在这种类型的案例中，被控侵权产品或方法通过组合多个已知技术特征来实现与涉案专利的权利要求中描述的技术方案相同的效果。这种情况下，如果组合后的技术特征涵盖了涉案专利的权利要求中的所有技术特征，则可能构成侵权。

 示 例

多功能打印机

专利权利要求：涉案专利的权利要求中描述了一种"多功能打印机"，集成了打印、复印和扫描功能。

被控侵权产品：被控侵权产品分别集成了打印、复印和扫描模块，这些模块单独来看都是已知技术，但组合在一起实现了与涉案专利的权利要求中描述的多功能打印机相同的效果。

分析：在这个案例中，被控侵权产品通过组合多个已知技术特征（打印、复印和扫描模块）来实现与涉案专利的权利要求中描述的技术方案相同的效果。根据全面覆盖原则，如果组合后的技术特征涵盖了专利权利要求中的所有技术特征，则可能构成侵权。

（8）部分替换。

在这种类型的案例中，被控侵权产品或方法对涉案专利的权利要求中的某些技术特征进行了部分替换，但整体上仍然涵盖了专利权利要求中的所有技术特征。这种情况下，如果部分替换后的技术特征能够实现相同的功能，则可能构成侵权。

 示例

空气净化器

专利权利要求：涉案专利的权利要求中描述了一种"空气净化器"，包括预过滤网、HEPA 滤网和活性炭滤网。

被控侵权产品：被控侵权产品同样包括预过滤网和 HEPA 滤网，但用一种新型吸附材料替换了活性炭滤网。

分析：在这个案例中，被控侵权产品对涉案专利的权利要求中的活性炭滤网进行了替换，但整体上仍然涵盖了专利权利要求中的所有技术特征。如果新型吸附材料能够实现与活性炭滤网相同的功能，则可能构成侵权。

(9) 改进实施。

在这种类型的案例中，被控侵权产品或方法对涉案专利的权利要求中的某些技术特征进行了改进，使其性能更好或功能更强。这种情况下，如果改进后的技术特征仍然涵盖了涉案专利的权利要求中的所有技术特征，则可能构成侵权。

示例

智能手机摄像头

专利权利要求：涉案专利的权利要求中描述了一种"智能手机摄像头"，包括光学镜头、图像传感器和图像处理芯片。

被控侵权产品：被控侵权产品同样包括光学镜头、图像传感器和图像处理芯片，但图像处理芯片采用了更先进的算法，提高了图像质量。

分析：在这个案例中，被控侵权产品对涉案专利的权利要求中的图像处理芯片进行了改进，使其性能更好。尽管性能有所提升，但整体上仍然涵盖了涉案专利的权利要求中的所有技术特征。因此，根据全面覆盖原则，可以认定被控侵权产品构成了侵权。

2. 典型案例详解

【案例4-1】内热针具连接导线专利侵权案

如果被控侵权技术方案中的技术特征与涉案专利的权利要求记载的技术特征在表述上完全相同，或者表述上虽有不同但实质表达的含义相同，则判定被控侵权技术方案中的技术特征与专利权利要求记载的技术特征为相同技术特征。在相同技术特征判定时，常常涉及专利权利要求中的技术特征的界定。专利侵权中的技术特征的界定宜采用普通含义解释原则，其采用的依据是权利要求的记载，同时结合说明书及其附图，并参考专利审查档案，必要时结合字典、百科全书、专家证言、学术论文等外部证据解释。

【案情简介】

原告公司为"内热针具连接导线"实用新型专利（以下简称涉案专利）的专利权人，被告公司为被控侵权产品的制造者、使用者。

涉案专利共有6项权利要求，其中权利要求1所限定的内热针具连接导线，包括PAG插头（1）、绝缘软线（2）和内热针具连接器（3），绝缘软线（2）的一端与PAG插头（1）连接，绝缘软线（2）的另一端分成多条导线与内热针具连接器（3）连接。权利要求2、3和5从属权利要求1，权利要求4从属权利要求3，权利要求6从属权利要求5。

第一次庭审质证时，原告认为被控侵权产品具有PAG插头，被控侵权产品落入涉案专利的权利要求的保护范围。然而，被告认为被控侵权产品中插头是PAA插头，并不是PAG插头，因此不构成侵权。

第二次庭审质证时，原告补充提交证据14，证据14为在雷莫公司网站搜索PAG插头的结果，其中涉及PAG型号的搜索结果出现了803条，以此证明PAG插头只是行业通用名称，并不是特定结构的插头。另外，原告补充提交证据15，证据15为在"1688"网站搜索PAG插头的结果，该网页内容显示大量的商家和厂家销售不同的PAG插头。与此同时，被告也补充证据19-28以证实PAG插头和PAA插头是两种不同的插头，其中证据27和28分别是在雷莫公司网站搜索PAG插头、PAA插头对应的结果。

基于上述两次庭审质证，对涉案专利的权利要求中"PAG插头"术语解释的争议较大，造成很难确定被控侵权产品的连接器与涉案专利的权利要求中"PAG 插头"是否为相同技术特征。

【技术调查焦点】

该案涉及的侵权判定关键点在于被控侵权产品的连接器是否与涉案专利中 PAG 插头的结构相同，其难点为对涉案专利的权利要求 1 中的 PAG 插头的术语理解。针对涉案专利的权利要求 1 中的"PAG 插头"的术语含义理解，可以从以下几个方面开展技术调查。

第一步，从涉案专利的内部证据尝试界定技术特征"PAG 插头"。首先，涉案专利的权利要求书本身、说明书及附图均未记载 PAG 插头的具体结构，专利审查文档也未涉及 PAG 插头的具体结构，即根据涉案专利的权利要求书和专利申请的内部证据均无法判定涉案专利插头与被控侵权产品插头是否相同。其次，审查员根据自身审查经验和对本领域技术的理解，确定 PAG 插头并不是本领域的通俗用语，因此需要借助外部证据提供更为丰富的技术细节信息，来准确认定权利要求的真实含义。

第二步，从涉案专利的庭审证据尝试理解技术特征"PAG 插头"。审查员查阅两次庭审质证的笔录，原告、被告均确认雷莫公司是 PAG 连接器行业的重要创新主体，该公司参与制定 PAG 连接器的行业标准。虽然原告、被告在第二次庭审质证时均提供外部证据来支持各自论点，但原告、被告提供的外部证据的权威性较低，并且双方均为该案件的当事方，因此双方提供的外部证据不宜直接作为外部证据用于术语含义的解释。

第三步，从检索的外部证据界定技术特征"PAG 插头"的具体结构。审查员经检索核实，确认雷莫公司是 PAG 行业的重要创新主体，并从雷莫公司技术人员那里获取了 PAG 相关技术文件。根据雷莫公司技术人员提供的 PAG 相关技术文件可知（如图 4-1 所示），PAG 插头只有一个键，PAA 插头有两个键，且两个键之间夹角为 40°。然而，查看被控侵权产品图（如图 4-2 所示），获知该被控侵权产品具有两个键，由此可知被控侵权产品中的连接器并不是 PAG 插头，至于是否为 PAA 插头，还需要通过测量两个键之间夹角的度数才能确定。

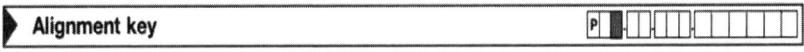

图 4-1　PAG 相关技术文件

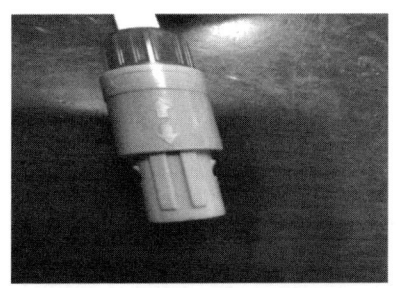

图 4-2　被控侵权产品调查图

综上所述，涉案专利的权利要求 1 记载的 PAG 插头，具有"仅有一个键"的特定结构特征，与被控侵权产品的插头结构不同，即被控侵权产品的连接器与涉案专利的权利要求中提到的"PAG 插头"并未构成相同技术特征，因此不存在相同侵权情形。

【典型意义】

权利要求是界定专利保护范围的核心依据，在审查阶段确定的权利要求的范围和含义，在侵权判定中通常会起到重要的指导作用。涉及相同侵权的技术调查以权利要求的记载为基本依据，结合说明书及其附图，并参考专利审查档案，必要时结合字典、百科全书、专家证言、学术论文等外部证据解释，准确判定权利要求的真实含义，为明确其保护的具体界限提供重要参考。侵权判定的结果反映了审查过程中对权利要求界定的准确性。为了更好地平衡专利权人与社会公众之间的利益，避免专利授权后对技术特征作出更宽界定的可能性，专利授权前通过使用专利权利要求中用语的日常和习惯定义、在说明书中的特别界定或明确描述等来界定技术特征的内容或权利要求的范围中，从而审查判断专利申请是否符合授权条件，可以推动专利文件修改完善，特别是权利要求使用含义更窄的用语或对用语含义进行适当的限缩，使得专利的权利边界更清楚、稳定性更好、质量更高。

【案例 4-2】麦克风音箱一体设备专利侵权案

在专利侵权判定中，如果涉案专利的权利要求中技术特征使用的是上位概念，而被控侵权物所采用的技术特征是上位概念中的具体概念，则被控侵权物落入专利权的保护范围。上位概念在专利侵权中起着关键作用，它允许专利权人在撰写权利要求时采用更广泛的术语，但这种做法必须得到说明书的具体支持，并且在专利侵权判定过程中需要谨慎处理，以确保专利保护范围的合理性和准确性。

【案例简介】

深圳某科技有限公司（以下简称原告）于 2016 年 2 月 6 日就"一种麦克风音箱一体设备"向国家知识产权局提交实用新型专利申请。原告发现，贵州某实业有限公司（以下简称被告一）和深圳某电子有限公司（以下简称被告二）在未支付专利使用费的情况下，在该专利权有效期内生产、销售的麦克风音箱一体设备落入涉案实用新型专利修改后的权利要求 6 的保护范围，原告便向深圳市中级人民法院提起诉讼，请求判处被告一和被告二向原告支付实用新型专利保护期使用费。

原告请求保护修改后的权利要求 6，结合图 4-3 所示的麦克风音箱一体设备爆炸图，将技术特征分解如下。

技术特征 A：一种麦克风音箱一体设备，包括控制单元（6）、主体音腔（1）及连接在所述主体音腔（1）上的麦克风组件（2）。

技术特征 B：所述主体音腔（1）内安装有至少两个对称设置的喇叭（3）。

技术特征 C：所述麦克风组件（2）包括咪头（21）及咪头支架（22）。

技术特征 D：所述咪头（21）及所述喇叭（3）分别与所述控制单元（6）电连接。

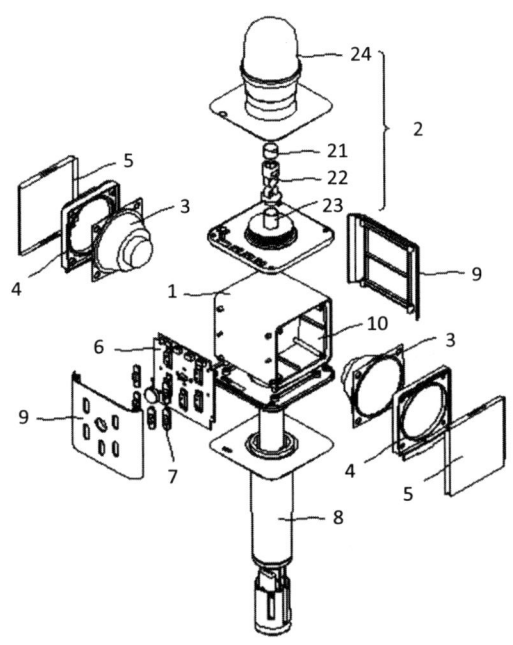

图 4-3 麦克风音箱一体设备的爆炸图

技术特征 E：所述咪头（21）与所述主体音腔（1）的连接点位置在两个或多个所述喇叭（3）的对称轴的 0~20cm 范围之内。

技术特征 F：所述麦克风组件（2）还包括固定座（23）及网头（24）。

技术特征 G：所述固定座（23）固定在所述主体音腔（1）的外侧壁上。

技术特征 H：所述网头（24）套设在所述咪头（21）外，并与所述主体音腔（1）固定连接。

庭审质证时，争议焦点主要集中在以下两个方面。

一是关于技术特征 A、B 中的"主体音腔"的争议。原告主张被控侵权产品的立方体的内部容腔构成"主体音腔"，因此被控侵权产品存在"主体音腔"这一结构特征。被告认为应当从申请文件记载的内容理解主体音腔的含义，涉案专利说明书第 23 段明确记载了喇叭与主体音腔围成一个密封的腔体，即涉案专利明确记载仅有一个腔体；并且涉案专利记载在一个音腔内安装至少两个对称设置的喇叭，两个喇叭性能、规格完全相同，并且是相反方向放置，当一个频率的声音发声的时候，因它们的相位相同、振幅相同、频

— 099 —

率相同，而方向却是相反的，使得这两个振动波在介质中相遇的时候，按照相位抵消原理，相互抵消和减弱。然而，被控侵权产品的两个喇叭分别位于两个音腔中，被控侵权产品有两个音腔结构，一个音腔中放置一个喇叭，两个音腔中的喇叭形成左右声道，左右声道的气流产生共鸣，以增强音量。因此，涉案专利记载的"主体音腔"与被控侵权产品中的"音腔"在结构、功能上均不同，并不能构成相同的技术特征。

二是关于技术特征 E 的争议。原告主张被控侵权产品连接点位于咪头与下方咪头支架连接处，两个喇叭的对称轴位于整个麦克风音腔上下贯穿的中心线上，连接点位置在中心线上。被告主张被控侵权产品的咪头与主体音腔之间不存在连接点，其之间没有连接。

【技术调查焦点】

该案涉及的侵权判定关键点在于被控侵权产品中的"音腔"是否与涉案专利的权利要求中的"主体音腔"构成相同的技术特征，其难点为被控侵权产品所采用的"音腔"是否为涉案专利的权利要求中"主体音腔"中的具体概念。针对该争议焦点，可以从以下几个方面开展技术调查。

（1）关于被控侵权产品中的"音腔"是否为涉案专利的权利要求中"主体音腔"中的具体概念。在音频技术领域，扬声器的音腔分为前音腔和后音腔。前音腔指的是扬声器振膜的上表面至出音口之间形成的空腔，通常是开放式的音腔；后音腔则是扬声器振膜的下表面与磁路系统或装载磁路系统的壳体之间的空腔，可以是封闭的，也可以是开放的。

涉案专利说明书中记载，喇叭（3）包括两个，两个喇叭（3）相背地设置在主体音腔（1）内，主体音腔（1）为内部具有容纳腔的柱体结构，主体音腔（1）的外侧壁上开设有两个分别与容纳腔相连通的开口（10），两个喇叭（3）分别固定在对应的开口（10）处，并与开口（10）密封连接。据此可以直接地、毫无疑义地确定喇叭（3）与主体音腔（1）围成一个密封的腔体，由此可知涉案专利的权利要求中的"主体音腔"是一个封闭的音腔，且是两个喇叭共用的后音腔。涉案专利通过在主体音腔内设置对称的两个喇叭共用后音腔，使得两个或多个喇叭发出的声音振动能够相互抵消，起到消振的作用，减少啸叫的发声。

对于被控侵权产品，该产品设置两个对称的喇叭，且装载两个喇叭的立方体壳体形成一个主音腔，在主音腔的中间设置塑料板，该塑料板将主音腔划分为两个子音腔，两个喇叭分别位于两个子音腔，即被控侵权产品有两个音腔，每个音腔放置一个喇叭。分割主音腔的塑料板并不是完全将主音腔分割成两个密封的部分，在塑料板的两侧分别设置开口，将两个子音腔连通。因此，该被控侵权产品的两个对称喇叭也是共用一个后音腔，其后音腔的结构与涉案专利的说明书中实施例记载的"主体音腔"结构相同。被控侵权产品通过在后音腔内设置对称喇叭，同样也能够实现抵消喇叭发出的声音振动对壳体产生的影响，减少啸叫的产生。因此，被控侵权产品中的"后音腔"实现的功能与涉案专利中的"主体音腔"的功能相同。综上所述，被控侵权产品所采用的"后音腔"则是涉案专利中"主体音腔"的具体概念。

（2）关于被控侵权产品未涉及"咪头（21）与所述主体音腔（1）的连接点位置在两个或多个所述喇叭（3）的对称轴的0~20cm范围之内"。对涉案专利的权利要求记载的技术特征"咪头（21）与所述主体音腔（1）的连接点位置在两个或多个所述喇叭（3）的对称轴的0~20cm范围之内"的理解，咪头与主体音腔的连接点位置可以指的是咪头与主体音腔直接接触的固定位置，也可以是指咪头与主体音腔间接接触的固定位置。

涉案专利的说明书记载了"麦克风组件2主要包括咪头21、咪头支架22、固定座23和网头24。其中，咪头21固定在咪头支架22上，咪头支架22通过固定座23连接在主体音腔1上，网头24套设在咪头21外并与主体音腔1固定连接。为了有效抑制啸叫的发生，咪头21与主体音腔1的连接点位置在两个喇叭3的对称轴的0~20cm范围内，或咪头21与主体音腔1的连接点位置在多个喇叭3的对称轴的0~20cm范围内；优选的，咪头21与主体音腔1的连接点位置与两个或多个喇叭3的对称轴之间距离为0，即咪头21与主体音腔1的连接点位置与两个或多个喇叭3的对称轴重合，此时啸叫的抑制效果最好"。由此可知，在涉案专利的说明书记载的实施方式中，咪头与主体音腔之间的连接是通过间接接触固定的，咪头（21）通过咪头支架（22）和固定座（23）连接固定在主体音腔（1）上。

在被控侵权产品中，咪头也同样固定在咪头支架上，且咪头支架设置在固定座上，固定座设置在形成主体音腔的外壳上，且两个喇叭的对称轴位于整个麦克风音腔上下贯穿的中心线上，咪头与咪头支架的连接点位于该中心线上。因此，被控侵权产品包含涉案专利的权利要求记载的技术特征"咪头（21）与所述主体音腔（1）的连接点位置在两个或多个所述喇叭（3）的对称轴的0~20cm范围之内"。

综上所述，被控侵权产品所采用的技术特征则是涉案专利的权利要求中技术特征中的具体概念，存在相同侵权行为。

【典型意义】

在专利侵权判定中，上位概念是一个重要的概念。若被控侵权产品所采用的技术特征落入涉案专利的权利要求中以上位概念表述的范围，则可能构成专利侵权。在进行事实对比时，要从技术方案整体上，理解文字记载的实质的技术含义，同时，结合本领域技术人员的普通技术知识进行认定，而不拘泥于文字的不同。在该案中，对主体音腔的认定应在充分了解扬声器音腔结构的基础上进行，进而判断被控侵权产品具备"主体音腔"的技术特征，且实现了相同的功能。

在撰写专利申请文件时，上位概念可以显著提高专利的保护范围和有效性。例如，技术特征的撰写尽可能要考虑到其替代方式，并分别在不同的从属权利要求中下位展开，这样可以在侵权判定阶段覆盖侵权产品，而不需要再进一步判定被控侵权产品的相应特征是否构成等同特征。说明书应详细描述发明的背景技术、发明内容、实施方式等，说明书中具体实施例描述应当详实，避免模糊不清的表述，确保发明的创造性得到客观的评价。

3. 审查员有话说

专利权利要求是确定专利保护范围最重要的法律文件和依据，只有充分理解权利要求包含的内容并对其进行合理的解释和界定，才能准确把握专利权的保护范围。为此，申请人在专利申请过程中应该注意以下几个问题。

（1）专利申请文件文字表达要规范。

权利要求书是专利申请文件的重要组成部分，申请人在撰写权利要求书时需要正确认识清楚问题，避免写入限制性特征或非必要技术特征，权利要求书尽量采用清晰、简洁的语言描述关键技术特征，明确每个术语或表达的具体含义，确保每一项技术特征的表述明确和具体，避免使用模糊或不确定的表述，确保本领域的专业技术人员能够准确理解。除权利要求外，说明书中的详细描述也是确保权利要求清楚的关键部分。撰写说明书时尽量减少或消除任何可能导致解释上的歧义的表达，可以通过具体实例或技术细节来支持权利要求中的抽象概念，从而提供更明确的定义和范围。

（2）重视对权利要求术语的澄清。

权利要求确定的范围必须而且只能以权利要求所含的技术特征的真实内容为准，除此之外的所有证据材料都只是辅助性的，只用于帮助准确理解和确定技术特征的真实含义和内容。如果权利要求的范围划定不够清晰明确，可能导致在侵权判定中出现争议和不确定性。从专利侵权中的技术特征的界定视角来看，需要确保授权的权利要求的表述清晰、准确，能够明确界定专利权的边界，避免在权利要求中使用模糊或不确定的术语和技术内容，尽量在权利要求中明确"自造词""多义词"以及公式参数等术语的确切含义。如果原始专利权利要求使用"自造词""多义词"以及公式参数等术语未作定义，或者原始专利申请文件未记载相关技术术语的含义，申请人可以在实质审查阶段的意见陈述书中，引入字典、百科全书、专家证言、学术论文等外部证据解释作为专利审查档案，澄清"自造词""多义词"以及公式参数等术语含义，以此界定授权的权利要求的技术术语的确切含义，提高授权的权利要求的稳定性。

（3）功能性限定的技术特征撰写。

从专利侵权的视角来看，根据《专利法》第二十二条第三款，审查技术特征时应当遵循整体对比原则，其划分原则上也是将实现一个独立技术功能的技术单元划分为一个技术特征，不能随意拆分权利要求中的技术特征，避免割裂评述技术特征。对于功能性限定的权利要求撰写，申请人应确保其有足够的实施例支持，以避免保护范围过于宽泛或不确定。

二、适用等同原则的典型案例

等同原则是专利侵权判定中的一项重要原则，旨在防止行为人通过微小改动逃避法律责任。等同原则在专利侵权判定中允许法庭认定，即使被控侵权的产品或方法并未在字面上侵犯专利权利要求中列出的每一项技术特征，但如果其使用了实质上等同的特征，仍然可以被视为侵权。以下是一些基于等同原则的典型案例分类。

1. 常见案例类型

等同原则是指虽然被控侵权产品或方法与涉案专利的权利要求中的技术特征有所不同,但如果这些不同并不影响其实现专利权利要求中描述的功能,则可能构成侵权。

(1) 非实质性差异。

在这种类型的案例中,被控侵权产品或方法与涉案专利的权利要求中的技术特征有所不同,但这些差异并不会显著改变产品的功能或效果。这种情况下,即使存在细微的差异,也可能构成侵权。

带有自动锁紧功能的门锁

专利权利要求:涉案专利的权利要求中描述了一种"带有自动锁紧功能的门锁"。

被控侵权产品:被控侵权产品使用了有细微差别的锁紧机制,但仍然实现了自动锁紧功能。

分析:在这个案例中,被控侵权产品虽然采用了有细微差别的锁紧机制,但仍然实现了涉案专利的权利要求中描述的自动锁紧功能。如果这种差异并不能显著改变锁紧功能的效果,则可能构成侵权。

(2) 特征替换,功能相同。

在这种类型的案例中,被控侵权产品或方法采用了不同的技术特征,但这些特征仍然实现了涉案专利的权利要求中描述的功能。这种情况下,如果功能相同,则可能构成侵权。

高效散热装置

专利权利要求:涉案专利的权利要求中描述了一种"高效散热装置"。

被控侵权产品：被控侵权产品使用了一种不同的散热材料，但仍然达到了高效的散热效果。

分析：在这个案例中，被控侵权产品虽然采用了不同的散热材料，但仍然实现了高效的散热效果，如果散热材料的功能相同，则可能构成侵权。

(3) 文字表述不同。

在这种类型的案例中，被控侵权产品或方法采用了不同的术语或表述，但含义相似，且这些术语所对应的技术特征以基本相同的手段，实现基本相同的功能，达到基本相同的效果，并且本领域普通技术人员在被控侵权行为发生时无需经过创造性劳动就能够联想到。这种情况下，则可能构成侵权。

示例

数据传输模块

专利权利要求：涉案专利的权利要求中是"通过齿轮传动实现动力传递"。

被控侵权产品：被控侵权产品使用了"采用链条传动达成动力传输"。

分析："齿轮传动"和"链条传动"都是常见的动力传递方式，功能、效果相似，本领域技术人员容易联想到，这种情况就属于等同原则下的侵权。

(4) 功能等同。

在这种类型的案例中，被控侵权产品或方法虽然使用了不同的技术手段，但实现了与涉案专利的权利要求中描述的技术特征相同的功能。这种情况下，如果被控侵权产品或方法涵盖了涉案专利的权利要求中的所有技术特征的功能等同替代方案，则可能构成侵权。

用于提高信号传输效率的编码方法

专利权利要求：涉案专利的权利要求中描述了一种"用于提高信号传输效率的编码方法"。

被控侵权产品：被控侵权产品使用了一种不同的编码算法，但同样提高了信号传输效率。

分析：在这个案例中，被控侵权产品虽然使用了不同的编码算法，但同样实现了提高信号传输效率的功能。如果该编码算法实现了相同的功能，且该编码算法与涉案专利中的编码方法在手段、功能、效果上基本相同，并且本领域普通技术人员在被控侵权行为发生时无需经过创造性劳动就能够联想到，那么可以认定构成等同侵权。

（5）微小改进。

在这种类型的案例中，被控侵权产品或方法在涉案专利的权利要求的基础上进行了微小的改进，但这些改进并不影响其实现专利权利要求中描述的功能。这种情况下，如果改进并不能实质性改变功能，则可能构成侵权。

高效电池管理系统

专利权利要求：涉案专利的权利要求中描述了一种"高效电池管理系统"。

被控侵权产品：被控侵权产品在此基础上增加了一个微小的节能功能。

分析：如果增加的微小节能功能使得被控侵权产品在技术特征上与涉案专利的"高效电池管理系统"存在不同，但这些不同的技术特征满足以基本相同的手段实现基本相同的功能，达到基本相同的效果，并且本领域普通技术人员无需经过创造性劳动就能够联想到，那么也可能构成等同侵权。

(6) 结构等同。

在这种类型的案例中，被控侵权产品或方法虽然采用了不同的结构设计，但这些设计在功能上与涉案专利的权利要求中的结构设计等同。这种情况下，如果结构设计等同，则可能构成侵权。

折叠式手机屏幕

专利权利要求：涉案专利的权利要求中描述了一种"折叠式手机屏幕"。

被控侵权产品：被控侵权产品使用了一种不同的折叠机制，但仍然实现了屏幕的折叠功能。

分析：在这个案例中，被控侵权产品虽然采用了不同的折叠机制，但仍然实现了屏幕的折叠功能。如果折叠机制的功能等同，则可能构成侵权。

(7) 方法等同。

在这种类型的案例中，被控侵权产品或方法虽然采用了不同的工艺或步骤，但这些工艺或步骤在功能上与涉案专利的权利要求中的工艺或步骤等同。这种情况下，如果工艺或步骤等同，则可能构成侵权。

药物合成方法

专利权利要求：涉案专利的权利要求中描述了一种"药物合成方法"。

被控侵权产品：被控侵权产品使用了一种不同的合成路线，但仍然得到了相同的药物。

分析：在该案例中，如果不同的合成路线与涉案专利的药物合成方法在手段、功能、效果上满足上述等同原则的条件，比如虽然合成路线不同，但都是通过相似的化学反应机理，使用相似的反应条件，最终得到相同药物，且本领域普通技术人员能够轻易联想到这种替换，那么依据等同原则可能构成侵权。

(8) 环境适应性改进。

在这种类型的案例中，被控侵权产品或方法为了适应特定环境或条件，对涉案专利的权利要求中的某些技术特征进行了改进。这种情况下，如果改进后的技术特征仍然涵盖了专利权利要求中的所有技术特征，并且实现了相同的功能，则可能构成侵权。

 示例

防尘防水电子设备

专利权利要求：涉案专利的权利要求中描述了一种"防尘防水电子设备"，包括密封外壳和防水接口。

被控侵权产品：被控侵权产品为了适应极端温度条件，增加了温度调节模块，但仍然包括密封外壳和防水接口。

分析：在这个案例中，被控侵权产品虽然增加了温度调节模块以适应极端温度条件，但仍然涵盖了涉案专利的权利要求中的所有技术特征，并且实现了防尘防水功能，因此可能构成侵权。

2. 典型案例详解

【案例4-3】卡缘连接器专利侵权案

当被控侵权产品或方法将涉案专利的权利要求中的某个或某些技术特征替换成其他特征，而这些替换后的特征在功能、方式或效果上与原特征实质上等同时，就可能构成等同侵权。例如，一项专利描述了一种使用螺栓固定的结构，而侵权产品使用了销钉固定，但两者均实现了相同的固定功能。

【案情简介】

原告公司为"卡缘连接器"实用新型专利的专利权人，被告为被控侵权

产品的制造者、使用者。

涉案专利共有7项权利要求，其中权利要求1所限定的卡缘连接器，包括一个电连接座，自其顶面开设一个中央插槽，电连接座至少一端设置一个组接部；至少一个退卡机构，安装于组接部，退卡机构具有一个主体部，主体部沿纵长方向开设一个通槽，通槽于纵长方向的内侧壁相向凸设一个加强部，加强部位于通槽中部位置。权利要求2~3、6~7从属权利要求1，权利要求4从属权利要求3，权利要求5从属权利要求4。

如图4-4所示，卡缘连接器包括一个电连接座（1），以及安装于电连接座（1）两端的两个退卡机构（2）。电连接座（1）包括一个绝缘本体（11）、分别设置于绝缘本体（11）两端的一个组接部（12）以及设于绝缘本体（11）内部的多个端子。绝缘本体（11）以塑料等绝缘材质制成，并呈纵长形，其顶面开设一个中央插槽（111），中央插槽（111）用以供电子卡插接。中央插槽（111）具有相对设置的两个侧墙（112），两个侧墙（112）间隔设有贯穿绝缘本体（11）顶面及底面的多个收容室（113）。端子对应设于收容室（113），并部分进入中央插槽（111）内部，以电性接触电子卡上的导电部位。组接部（12）高于绝缘本体（11），其具有贯穿组接部（12）顶部及底部的一收容腔（121），收容腔（121）用以收容退卡机构（2），并部分与中央插槽（111）相连通。收容腔（121）具有两个第一侧壁（122），以及连接第一侧壁（122）的一个端壁（123）及一个第二侧壁（124）。两个第一侧壁（122）相对设置，并位于绝缘本体（11）的纵长方向上；端壁（123）与第二侧壁（124）相对设置，并位于与绝缘本体（11）纵长方向相垂直的方向上。其中，端壁（123）的高度比第一侧壁（122）低，第二侧壁（124）的高度比第一侧壁（122）高。两个第一侧壁（122）上分别设有一个枢接孔（125）。两个第一侧壁（122）于各自邻近第二侧壁（124）的位置，分别凹设有一个收容槽（126），收容槽（126）内设有卡扣结构（127）。

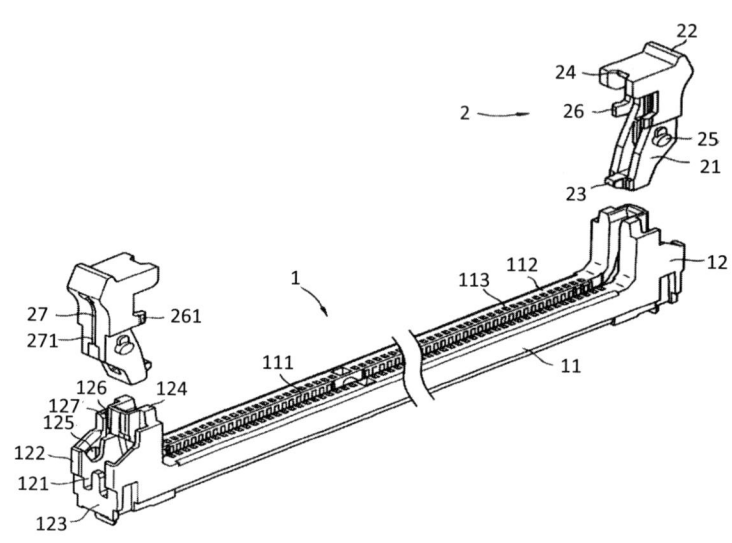

图 4-4 卡缘连接器的组合图

庭审质证阶段，涉案专利的权利要求解读存在争议，包括以下技术问题：①涉案专利的加强部是否等同于被控侵权产品中的加强筋；②涉案专利的"主体部侧向延伸设有二抵持部"是否等同于被控侵权产品中的"主体部沿电连接座宽度方向的侧向延伸有二抵持部"；③被控侵权产品是否涉及涉案专利中的"抵持部外侧形成有一钩部"。

【技术调查焦点】

该案的被控侵权产品的具体结构，与涉案专利的权利要求记载的文字表达有所不同，即该案侵权判定的难点在于技术特征的等同性分析，主要表现为：①涉案专利的加强部是否等同于被控侵权产品中的加强筋；②涉案专利的"主体部侧向延伸设有二抵持部"是否等同于被控侵权产品中的"主体部沿电连接座宽度方向的侧向延伸有二抵持部"；③对涉案专利的权利要求中的"抵持部外侧形成有一钩部"的保护范围理解。针对上述疑问，从以下三个方面开展技术调查。

第一步，结合说明书记载的内容界定权利要求 1 的技术特征，进而理解权利要求的保护范围。就涉案专利而言，根据涉案专利的权利要求 1 中记载的"通槽于纵长方向的内侧壁相向凸设有一加强部，加强部位于通槽的中部位置"，可以确定涉案专利的权利要求 1 的保护范围包括"在内侧壁相向凸设的、具有加强功能的加强部"。涉案专利的说明书中记载："为了使所述退卡机构具有足够的弹性，所述通槽的横向宽幅开得较大，使得所述通槽的壁厚薄了，从而削弱了所述主体部的强度，当所述退卡机构在安装时，容易造成所述主体部的变形量过多而断裂"；"本实用新型的目的在于提供一种退卡机构在安装或单独存在受到外力时不易断裂，且具有足够的弹性而使得安装容易的卡缘连接器"。根据涉案专利的上述记载，可知涉案专利中的加强部的作用包括两个方面：一是通过两个加强部相抵靠在一起来控制主体部的弹性变形量，从而防止主体部的损坏；二是通过加强部加强了主体部自身的强度，从而提供足够的弹性进而防止主体部的损坏。而被控侵权产品的通槽（包括宽的上槽以及窄的下槽）于纵长方向的内侧壁同样相向凸设有一个加强筋，且加强筋从通槽的中部位置一直延伸至上部，即至少部分加强筋位于通槽的中部位置，即被控侵权产品的加强筋结构与涉案专利的权利要求1中的加强部结构相同；并且，被控侵权产品的加强筋同样起到了加强主体部自身强度的作用，与涉案专利的权利要求1中的加强部所起到的作用相同。由此可知，被控侵权产品的加强筋与涉案专利的加强部只是名称表达的不同，但两者实质内容相同，被控侵权产品存在的加强筋等同于涉案专利的加强部，两者起到的作用效果是一致的。

第二步，根据权利要求记载的技术特征确定权利要求的保护范围。涉案专利的权利要求3中仅记载了"主体部侧向延伸设有二抵持部"，其中"侧向延伸"的保护范围理解为包括沿电连接座长度方向的侧向以及沿电连接座宽度方向的侧向，因此被控侵权产品中主体部沿电连接座宽度方向的侧向延伸有两个抵持部，因此被控侵权产品的抵持部落入涉案专利的权利要求3的保护范围。

第三步，根据权利要求记载的技术方案整体确定权利要求的保护范围。被控侵权产品是通过沿电连接座宽度方向的侧向延伸的两个抵持部与电连接座收容槽的卡扣结构相配合，并不包括钩部，因此与涉案专利的权利要求4中的"抵持部外侧形成有一钩部"不等同，即被控侵权产品并未落入涉案专利的权利要求4的保护范围。

【典型意义】

在专利侵权判定中，等同原则是一种重要的判断标准，它允许即使被控侵权产品或方法没有直接落入涉案专利的权利要求的字面含义范围，但如果这些产品或方法与专利权利要求的技术特征以基本相同的手段实现了基本相同的功能，并达到了基本相同的效果，且本领域的普通技术人员无需经过创造性劳动就能联想到这种技术特征，则可以认定为侵权成立。

等同原则的应用具体体现在"功能—方式—效果"三要素标准的具体应用上。首先，确定被控侵权产品或方法是否具有与涉案专利的权利要求所明文指出的基本相同的功能是第一步，这意味着不能将手段代入功能中去，而是要专注于功能本身。其次，考虑被控产品或方法采用的方式是否与原告专利技术方案在技术实现路径上存在明显差异，如果存在明显差异，则可能认定为手段不同。最后，认定被控侵权产品或方法达到的效果是否与涉案专利实质相同，这可以结合技术方案的目的考虑，不必拘泥于技术方案所达到的具体效果，重要的是要逐一考虑功能、方式、效果三项要素，一般不应进行相互之间的推定。

虽然等同原则有助于防止他人窃取发明人的利益，但在实际应用中也存在一定的限制。如果不对等同原则的适用给予适当的限制，可能会导致专利申请人或专利权人在撰写专利申请文件时将权利要求的内容模糊化，使技术特征尽可能宽泛。因此，在专利申请文件撰写过程中，应避免过度泛化的描述，每条权利项应有对应的实施例支持，注意权利项的清晰度，不能有含糊不清的保护范围。同时，应结合背景技术、发明内容、优点和积极效果等进行撰写，确保专利文件的质量和可操作性。

【案例 4-4】双排污口坐便器侵权纠纷案

如果被控侵权产品或方法的技术特征在实现特定功能方面与涉案专利的权利要求的特征相同或等同，即使表述或实施方式略有不同，也可能构成等同侵权。例如，涉案专利描述了一种通过电磁感应加热的设备，而侵权产品使用了微波加热，但最终实现的是相同的加热目的。

【案情简介】

某卫浴公司（以下简称原告）于 2019 年 8 月 7 日就"一种适用双排污口坐便器"向国家知识产权局申请实用新型专利，专利公开日为 2020 年 5 月 26 日。

该实用新型专利公开的适用双排污口坐便器的结构示意图如图 4-5 所示。该双排污口坐便器包括：马桶座头（1）与水箱（4），水箱（4）设置在马桶座头（1）的后端，水箱（4）下端还连接有弧形的辅管（3），辅管（3）末端设置有辅冲口（8），辅冲口（8）连通马桶座头（1）与辅管（3），当马桶冲水时，水箱（4）中的一部分水会从辅管（3）冲入到马桶座头（1）中，起到一个辅助排污的作用，避免因为有两个排污口而造成水压不足的情况发生；马桶座头（1）后端还设置有弧形的排污管（5），排污管（5）一端连通马桶座头（1），另一端延伸到马桶的底部，排污管（5）的末端设置有第一排污口（6）与第二排污口（7），第一排污口（6）、第二排污口（7）与排污管（5）末端连通；第一排污口（6）为300mm坑距的排污口，第二排污口（7）为400mm坑距的排污口，在安装时可以根据实际情况选择安装。第一排污口（6）与第二排污口（7）直径相同，第一排污口（6）与第二排污口（7）上嵌套设置有长圆形的法兰圈（9），法兰圈（9）上开设有与排污口直径相同的排污孔，根据需求选择不同的排污口，当选择第一排污口（6）时，法兰圈（9）的排污孔对准第一排污口（6）进行安装，同时将第二排污口（7）堵住，当选择第二排污口（7）时，法兰圈（9）的排污孔对准第二排污口（7）进行安装，同时将第一排污口（6）堵住。

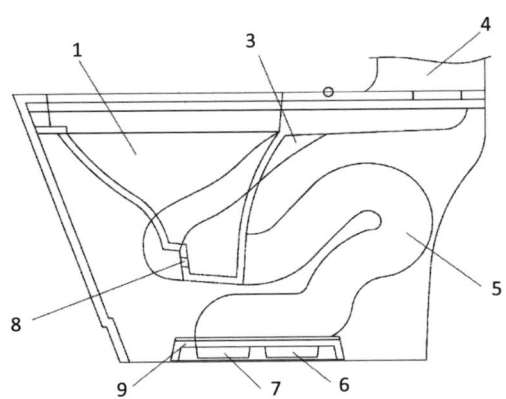

图4-5 双排污口坐便器的结构示意图

原告发现，某模具厂生产出来的产品与某陶瓷公司生产的产品相同，且二者均落入涉案专利权的保护范围，因此于2022年5月23日就侵权纠纷向有关部门提出立案请求，该部门按规定程序进行立案，开展现场勘查，并组织了口头审理。口头审理中，双方的主要争议点在于专利产品为两个并排排污口，被控侵权产品为一个大的排污口。

【技术调查焦点】

"两个并排排污口"与"一个大的排污口"是否属于等同特征？

通过分析发现，单孔大排污口和双排污口均是扩大现有排污口的大小和排污范围，通过与法兰圈相互配合，从而调节与两种不同坑距下水道口的连通。单孔大排污口和双排污口的作用均是使马桶内的排泄物排出后进入法兰圈内，再经由法兰圈上的排污孔到达下水道。单孔大排污口在连通300mm坑距的下水道孔时，法兰圈上的排污孔与大排污口靠近墙壁的部分对准；在连通400mm坑距的下水道孔时，法兰圈上的排污孔与大排污口远离墙壁的部分对准。双排污口在选择第一排污口（即300mm坑距）时，法兰圈的排污孔对准第一排污口安装，同时将第二排污口堵住；在选择第二排污口（即400mm坑距）时，法兰圈的排污孔对准第二排污口安装，同时将第一排污口堵住。可见，单孔大排污口和双排污口都是通过调转法兰圈的安装方向以适应不同坑距。由上可知，单孔大排污口和双排污口设置的目的和功能均是一致的，适应不同坑距的原理是一致的，且为了便于生产，将双排污口之间的隔断取消，形成一个大排污口对于本领域技术人员而言是容易想到的设置，无须花费创造性的劳动，且将双排污口整合为大排污口并未带来预料不到的技术效果。可见，被控侵权产品中的单孔大排污口相比于涉案专利中的双排污口，是以基本相同的手段，实现基本相同的功能，并能达到基本相同的效果，因此，两者构成等同特征，被控侵权产品落入了涉案专利的权利要求的保护范围，构成侵权。

【典型意义】

等同原则是专利侵权判定中一项重要的原则，如何适用等同原则，一直是专利侵权判定中的难点问题。被告侵权产品的大单口结构与涉案专利的双排污口结构，以基本相同的手段，实现基本相同的功能，达到基本相同的效果，构成专利法意义上的等同特征，被告侵权产品落入涉案专利的保护范围。

【案例4-5】带支撑板的循环水道结构的机体实用新型专利侵权案

在一些复杂的专利中，即使每个单独的技术特征看似不完全匹配，但如果整体组合起来实现的效果与专利权利要求中描述的相同或等同，那么也可能会被认为是等同侵权。

【案情简介】

原告公司为"带支撑板的循环水道结构的机体"实用新型专利的专利权人,被告公司为原告公司的客户,为被控侵权产品的制造者、使用者。

涉案专利共有9项权利要求,权利要求2从属权利要求1,权利要求3从属权利要求2,权利要求4~8从属权利要求1、2或3,权利要求9从属权利要求8。授权时,独立权利要求1的内容如下:"1. 一种带支撑板的循环水道结构的机体,其特征在于:包括设有空腔的机体,机体的侧壁均匀排布有多个水道,所述水道延伸方向与空腔的延伸方向一致,各水道的头尾顺次相连贯通,形成一条弯曲水道,该弯曲水道的两端在机体的前端或后端形成冷却液入口和冷却液出口;相邻两个水道的相连贯通处开有连通开槽,所述连通开槽的开口处密封安装有支撑组件,连通开槽的开口的边缘还安装有密封圈,密封圈套装在支撑组件的后端部。"

如图4-6所示,带支撑板的循环水道结构的机体,包括设有空腔的机体(1),机体(1)的侧壁均匀排布有多个水道(3),水道(3)延伸方向与空腔的延伸方向一致,各水道(3)的头尾顺次相连贯通,形成一条弯曲水道,该弯曲水道的两端在机体(1)的前端或后端形成冷却液入口(4)和冷却液出口(5);相邻两个水道(3)的相连贯通处开有连通开槽(7),所述连通开槽(7)的开口处密封安装有支撑组件(8),连通开槽(7)的开口的边缘还安装有密封圈(2),密封圈(2)套装在支撑组件(8)的后端部。

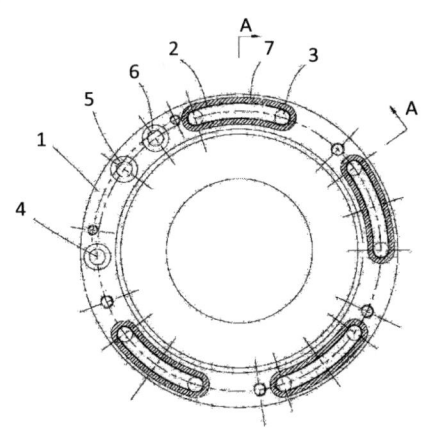

图4-6 带支撑板的循环水道结构的机体结构俯视示意图

原告公司在其售后维修点发现被告公司的电主轴产品（即被控侵权产品）与自家生产的具有多件专利布局的电主轴产品相似；经对比，认为被告公司的被控侵权产品侵犯了其多项专利权，其中一件涉及电主轴机体相关结构的专利，为涉案专利。专利权人对被控侵权产品进行仔细对比分析后，形成了相关请求文件，向所在地的知识产权管理部门提出处理专利侵权纠纷请求。该知识产权管理部门受理后组织第一现场勘验，在被告公司发现相关侵权产品，其中包括被控侵权产品以及相应的电主轴机体。

经对被控侵权产品的机体结构进行实物分析，被控侵权产品的机体机构与涉案专利的机体结构不完全相同，存在区别，需要通过技术比对判定是否构成等同特征。

【技术调查焦点】

该案侵权判定的难点在于等同特征的判定，具体表现为被控侵权产品的"采用连通开槽的开口的边缘通过锡焊密封，该锡焊密封设置在支撑组件的后端部"是否与涉案专利中"连通开槽的开口的边缘还安装有密封圈，密封圈套装在支撑组件的后端部"的结构相同。针对上述技术比对争议，可以从以下几个方面开展技术调查。

根据《最高人民法院关于审理侵犯专利权纠纷案件应用法律若干问题的解释》第七条的规定，被控侵权技术方案包含与权利要求记载的全部技术特征相同或者等同的技术特征的，人民法院应当认定其落入专利权的保护范围；被控侵权技术方案的技术特征与权利要求记载的全部技术特征相比，缺少权利要求记载的一个以上的技术特征，或者有一个以上技术特征不相同也不等同的，人民法院应当认定其没有落入专利权的保护范围。就该案而言，由于被控侵权产品的机体结构与涉案专利的机体结构不完全相同，因此该案未涉及等同侵权情形。

在判定被控侵权产品的"采用连通开槽的开口的边缘通过锡焊密封，该锡焊密封设置在支撑组件的后端部"是否与涉案专利中"连通开槽的开口的边缘还安装有密封圈，密封圈套装在支撑组件的后端部"的结构相同时，其侵权判定的关键步骤为技术特征的划分。权利要求所限定的技术方案是解决某一技术问题的诸多技术特征的集合，原则上一个技术特征是实现一个独立技术功能的最小技术单元，其中"独立""最小"都是相对的，既要具有完整性（再分割就无法实现一定技术功能），又要具有同一性（不能实现多个不同的技术功能）。该案中，涉案专利的权利要求1所述"连通开槽"与"密封圈""支撑组件"相互独立，连通开槽的开口处通过密封圈密封安装有支撑组建，密封圈可将水道进行密封，防止冷却液泄漏，无疑是一个实现独立技术功能的最小技术单元，即作为一个独立的技术特征存在；而被控侵权产品的电主轴通过锡焊密封将连通开槽与支撑组件集成一体，成为一个实现防止冷却液泄漏功能的不可分割的独立技术单元，宜作为一个完整的技术特征存在。

另外，被控侵权产品的机体结构是采用锡焊密封，而涉案专利是采用密封圈密封，锡焊密封与密封圈密封虽均实现了基本密封的功能，但本领域技术人员可以明确，锡焊需要采用焊接等相关工序，锡焊密封形成的电主轴中的连通开槽与支撑组件为一体。

由此可见，涉案专利的密封圈与被控侵权产品的电主轴相比，二者所采用的手段、所实现的功能、所达到的效果均不相同或不等同，被控侵权产品缺少涉案专利"密封圈"功能性技术特征。根据《最高人民法院关于审理侵犯专利权纠纷案件应用法律若干问题的解释》第七条的规定，被控侵权产品与涉案专利相比缺少一个技术特征，未落入涉案专利的保护范围。

【典型意义】

该案涉及功能性技术特征的内容界定和等同判断，是专利侵权中等同技术特征判断的典型案例。根据《最高人民法院关于审理侵犯专利权纠纷案件应用法律若干问题的解释》第七条的规定，以及实现一个独立技术功能的技术单元划分为一个技术特征的基本原则，准确划分专利权利要求中的技术特征，可以为后续专利侵权判定提供参考。等同技术特征又称等同物，是指被控侵权物（产品或方法）中，同时满足以下两个条件的技术特征，是专利权利要求中相应技术特征的等同物：①被控侵权物中的技术特征与专利权利要求中的相应技术特征相比，以基本相同的手段，实现基本相同的功能，产生了基本相同的效果；②该专利所属领域普通技术人员无须经过创造性劳动就能够想到的技术特征。其中，基本相同的功能是指被控侵权技术方案中的替换手段所起的作用与涉案专利的权利要求对应的技术特征在专利技术方案中所起的作用基本上是相同的；基本相同的效果，一般是指被控侵权技术方案中的替换手段所达到的效果与涉案专利的权利要求对应的技术特征的技术效果无实质性差异。该案中,涉案专利的密封圈与被控侵权产品的电主轴相比,二者所采用的手段、所实现的功能、所达到的效果均不相同或等同,被控侵权产品缺少涉案专利的密封圈的功能性技术特征,即被控侵权产品与涉案专利相比缺少一个技术特征,未落入涉案专利的保护范围。

【案例 4-6】具有摄像功能的智能穿戴设备实用新型专利侵权案

以基本相同的手段,实现基本相同的功能,并达到基本相同的效果的特征,构成等同特征。对权利要求技术特征的含义解释要遵循权利要求的基本解释规则,必要时结合内部证据和外部证据作出准确认定。

【案例简介】

原告就主题为"一种具有摄像功能的智能穿戴设备"的发明创造向国家知识产权局申请实用新型专利,随后发现被告生产的电话手表产品落入该实用新型专利的保护范围,向法院提起诉讼。

涉案专利经过无效宣告程序后被维持有效的权利要求 1 限定了技术特征 1 "连接结构,所述连接结构包括固定件以及与所述固定件转动连接的转动件,所述固定件固设于所述支架的所述第一端;设备主体,所述设备主体设有摄像装置,且所述设备主体与所述转动件固接,以使所述设备主体能够相对所述支架转动,进而使得所述摄像装置获得不同的拍摄角度;所述设备主体包括相对设置的连接端以及自由端,所述连接端与所述转动件固接,所述自由端设有所述摄像装置",以及技术特征 2 "所述自由端的端部设有中空的固定结构,所述摄像装置设于所述固定结构内;所述设备主体包括相对设置的上表面和下表面,所述固定结构具有开口方向朝向所述上表面的第一开口和开口方向朝向所述下表面的第二开口,所述摄像装置包括所述前置摄像装置和所述后置摄像装置,所述前置摄像装置通过所述第一开口实现取景,所述后置摄像装置通过所述第二开口实现取景"。

如图 4-7 所示,具有摄像功能的智能穿戴设备,包括支架(1)、连接结构(2)、设备主体(3)以及穿戴部件(4)。该支架(1)包括相对设置的第一端(10a)以及第二端(10b),该连接结构(2)包括固定件(21)以及与固定件(21)转动连接的转动件,该固定件(21)固设于该支架(1)的第一端(10a)。该设备主体(3)设有摄像装置,且设备主体(3)与转动件固接，以使该设备主体（3）能够相对支架（1）转动，进而使得摄像装置获得不同的拍摄角度。该穿戴部件（4）的两端分别与支架（1）的第一端（10a）以及支架（1）的第二端（10b）连接。其中，设备主体（3）能够相对支架（1）转动任意角度，该角度可为0~180°内的任意角度，例如：0°[即设备主体（3）置于支架（1）的状态]、15°、30°、45°、60°、90°、120°、145°、150°、160°、165°、170°、175°或180°。该支架（1）起到支撑设备主体（3）、连接设备主体（3）及穿戴部件（4）的作用。该支架（1）包括两个间隔设置的弯折杆件（11），且该弯折杆件（11）包括第一对接部（111）以及第二对接部（112），两个该第一对接部（111）对应配合连接，以形成该支架（1）的第一端（10a）。同理，两个该第二对接部（112）对应配合连接，以形成该支架（1）的第二端（10b）。为了增强支架的承载能力，弯折杆件（11）可包括杆件固持部（113），该杆件固持部（113）的两端分别与第一对接部（111）以及第二对接部（112）连接，且该杆件固持部（113）用于在该设备主体（3）未相对该支架（1）转动时卡接该设备主体（3），以将该设备主体（3）固定于支架（1）上。其中，该杆件固持部（113）可通过弯折杆件（11）弯折形成，且该设备主体（3）未相对该支架（1）转动时，指的是设备主体（3）置于支架（1）上的时候，不包括设备主体（3）相对支架（1）转动任意角度后保持当前状态的时候。

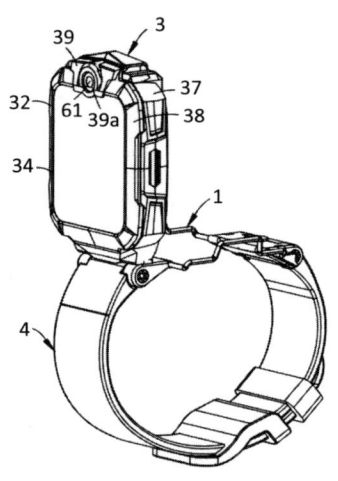

图4-7 智能穿戴设备在翻转状态下的结构示意图

如图 4-8 所示，该固定件（21）包括支架固定部（211）以及与支架固定部（211）固接的转轴连接部（212），该支架固定部（211）与该支架（1）的第一端（10a）固接，以使该固定件（21）固定于该支架（1）上。而该转轴连接部（212）为中空的柱状结构，该转轴连接部（212）自其顶端开设有贯穿至其底端的通槽，该通槽形成转轴连接部（212）的中空部。该转动件包括第一转轴（221），该第一转轴（221）穿设于该转轴连接部（212）的中空部，使转动件通过固定件（21）设在支架（1）的第一端（10a）上，并实现转动件与固定件（21）转动连接，从而当设备主体（3）固接于第一转轴（221）的两端时，设备主体（3）可通过由于转动件相对固定件（21）的转动而实现相对支架（1）转动。如图 4-9 所示，阻尼结构（5）包括两个弹性垫圈，该两个弹性垫圈分别穿设于第一转轴（221）的两端，且上述的转轴连接部（212）的中空部的内壁面与两个弹性垫圈抵接，该阻尼结构（5）通过在第一转轴（221）与转轴连接部（212）之间设置弹性垫圈，增加第一转轴（221）与转轴连接部（212）之间的摩擦力，从而起到能够使设备主体（3）相对支架（1）转动任意角度的作用。

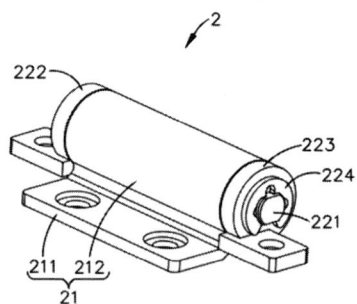

图 4-8　智能穿戴设备的连接结构的结构示意图

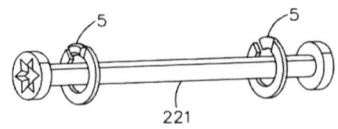

图 4-9　智能穿戴设备的一种阻尼结构的结构示意图

原告主张被控侵权产品具有固定件及与固定件转动连接的转动件，设备主体与转动件固接。被告认为，涉案专利"转动件与固定件转动连接，设备主体的连接端与转动件固接"，但被控侵权产品"转动件与固定件是固定连接,设备主体的连接端与转动件是转动连接"。

【技术调查焦点】

(1) 被控侵权产品中是否具备上述特征1?

经核实,涉案专利的说明书及附图中描述了固定件(21)包括与支架固定连接的支架固定部(211)和与支架固定部(211)固定连接的中空的转轴连接部(212),转动件的第一转轴(221)穿设于转轴连接部(212)的中空部且两端与设备主体(3)固定连接,进而使得第一转轴(221)在转轴连接部(212)中转动时,设备主体能够相对于支架转动。即涉案专利中,转动件与固定件转动连接,设备主体的连接端与转动件固接。将被控侵权产品拆解后可以看到,其转动件与固定件固定连接,设备主体的连接端与转动件转动连接。由此可见,被控侵权产品与涉案专利中涉及的连接结构不同,不构成相同特征。

同时,对于本领域技术人员而言,被控侵权产品中的转动件虽然不能围绕固定件转动,但设备主体套设在转动件上,能够围绕转动件转动,使摄像装置获得不同的拍摄角度。涉案专利中,设备主体固定在转动件上,转动件围绕固定件转动,同样可以使设备主体上的摄像装置获得不同的拍摄角度,属于本领域普通技术人员无需经过创造性劳动就能想到的惯常替换,而且两者能够实现相同的功能,达到相同的效果:设备主体相对于支架转动。因此,被控侵权产品与涉案专利中涉及的连接结构构成等同特征。

(2) 被控侵权产品是否具备"中空的固定结构"?

涉案专利的从属权利要求4限定了包含特征"设备主体包括相对设置的连接端以及自由端,所述连接端与所述转动件固接,所述自由端设有所述摄像装置"以及"所述自由端的端部设有中空的固定结构,所述摄像装置设于所述固定结构内"。原告认为将被控侵权产品拆解后可以看出其具有中空的固定结构,而被告认为实际拆开后,被控侵权产品的两个摄像头并不是在同一个中空的结构中,在前置摄像头和后置摄像头中间有一支架隔开,同时开口也不是连通的。

经核实,在涉案专利的无效宣告请求审查决定中,专利权人主张"本专利的中空的固定结构的两个开口是连通的";合议组予以认同:"本专利限定了其中空的固定结构包含了分别朝上和朝下两个开口,摄像装置包括前置、后置摄像装置且整体上置于所述固定结构内,分别通过两个开口取景,由此本领域技术人员可以直接地、毫无疑义地确定所述固定结构的第一开口和第二开口以及固定结构的中空部分是连通的"。在涉案专利的权利要求中限定了"摄像装置设于设备主体自由端的固定结构内,该固定结构指的是设备主体自由端的壳体,自由端的壳体内为中空,摄像装置设于该中空空间内"。因此,固定端的第一开口和第二开口连通应当理解为,将摄像装置从固定结构内取出后,第一开口和第二开口是连通的。

将被控侵权产品拆解后,后置摄像头、支架、前摄像头均位于设备主体自由端的壳体内,后置摄像头放置在支架上,支架可以取出,支架是用来辅助固定摄像头的部件,并非与壳体一体设置的部件。一般来说,摄像头本身不具有固定部件,其往往是依靠支架等中间部件固定在固定结构内。涉案专利中限定位于固定结构内的摄像装置包括前置摄像装置和后置摄像装置,其是开放式的限定,含有支架或者不含有支架都属于涉案专利的保护范围。被控侵权产品用于将前置摄像装置和后置摄像装置固定在固定结构内的支架等中间部件也应当认定为摄像装置的一部分,并非固定结构的一部分。因此,将被控侵权产品中的后置摄像头、支架、前摄像头取出后,自由端的端部是中空结构,对应于前置摄像头的第一开口和后置摄像头的第二开口将是连通的。

综上所述,被控侵权产品具有涉案专利的权利要求1中限定的"中空固定结构"相关特征。

【典型意义】

当被控侵权技术方案中的特征与涉案专利的权利要求中相应技术特征不相同时,应当判断两者是否构成等同特征。等同特征是指与权利要求所记载的技术特征以基本相同的手段,实现基本相同的功能,达到基本相同的效果,并且本领域技术人员无需经过创造性劳动就能够想到的特征。该案被控侵权产品中的连接结构与涉案专利不同,但两者构成等同特征。

对于开放式权利要求,如果被控侵权技术方案在包含涉案专利的权利要求技术特征的基础上增加了新的技术特征,则应当认定被控侵权技术方案落入专利权的保护范围。该案中,涉案专利限定位于固定结构内的摄像装置包括前置摄像装置和后置摄像装置,是开放式的限定,用于将前置摄像装置和后置摄像装置固定在固定结构内的支架等中间部件也应当认定为摄像装置的一部分。

开放或封闭式权利要求的撰写方式常在化学领域进行区分讨论。机械领域专利的权利要求被普遍认为是开放式权利要求。从专利侵权判断的角度来看，开放式权利要求表示还可以含有没有述及的结构组成部分，如果被控侵权产品相对于请求保护的开放式权利要求来说，在全面覆盖了权利要求记载的技术特征的情况下还有额外的技术特征，也应当认定被控侵权产品落入了该开放式权利要求的保护范围而构成侵权，这就将在开放式权利要求基础上作出的技术方案也纳入其保护范围。如果请求保护的权利要求是封闭式权利要求，则相对于该封闭式权利要求增加了技术特征的被控侵权产品就未落入该封闭式权利要求的保护范围。

此外，当对权利要求的保护范围产生疑义时，可通过内部证据、外部证据等对权利要求范围进行解释。内部证据是指在专利申请和授权过程中形成的材料，包括说明书和附图，权利要求书中的其他权利要求，初步审查、实质审查、复审和无效宣告请求审查中形成的审查档案，以及生效的授权、确权行政决定等文件。外部证据是指除内部证据之外，在确定专利权的保护范围时，能够用于对权利要求进行解释的证据，包括辞典（尤其是专业技术辞典）、技术工具书（尤其是技术手册、技术标准）、教科书、百科全书、专家证言等。

该案中，关于"中空的固定结构"的含义，在侵权判定时查阅了涉案专利的无效宣告请求审查决定中关于中空结构的进一步解释，厘清了涉案专利中空结构的更具体的结构，从而清楚、准确地与被控侵权产品进行对比。

【案例4-7】水溶性液态橡胶发泡成型立体橡胶制品制造方法专利侵权判定

对于方法专利，在进行侵权判定时，应对照方法权利要求记载的技术特征，对被控侵权方法与涉案专利方法从原料、工艺步骤、操作条件、步骤之间的关系等方面逐一进行比对，判断是否构成相同或等同侵权。

【案例简介】

原告因与被告侵害其发明专利权纠纷一案，不服法院一审判决，提起上诉。原告主张被告的生产方法落入其涉案专利的权利要求1和2的保护范围，构成侵权。请求判定被告停止制造、销售、许诺销售侵害原告专利权的产品，销毁库存侵权产品并删除网络侵权资料，并请求被告赔偿经济损失及维权费用。

原告向一审法院申请以摄像和拍照等方式，对被告制造的二次成型乳胶产品的生产步骤进行证据保全，一审法院在被告生产现场（包括堆放原材料和成品、半成品的现场）和生产线进行拍摄和拍照取证，并向被告的法定代表人进行询问。

在一审庭审中，原告选取法院拍摄的两段视频中较长的那段视频作为被告的被控侵权方法的证据。一审庭审中，原告主张一审法院从被告生产现场取得的照片显示原料罐体上标示的牌号"LBS3060"和"5207H"可推定被告生产使用的原料是天然橡胶。被告辩称"LBS3060"是其从波兰进口的丁苯橡胶，"5207H"是美国固特异的丁苯橡胶，故其生产产品的原料不是天然橡胶，而是丁苯橡胶。一审法院认为被告主张该生产产品原料不是天然橡胶的抗辩主张成立，予以采纳。另外，原告主张现场拍摄照片显示被告生产设备的输送带内部有灯管，原告主张该灯管即加热元件，为烘烤装置。被告辩称其为照明的灯管，没有加热功能。

二审期间，依原告申请，并经原告和被告协商同意，对两者均确认的、依照被控侵权方法而获得的产品是否含有天然橡胶成分委托鉴定公司鉴定，该鉴定报告表明该产品含有天然橡胶成分。

二审法院认为该案的争议焦点为：被控侵权方法是否落入了涉案专利权的保护范围。

【技术调查焦点】

该案中，原告明确被控侵权方法为涉案橡胶制品生产设备所承载的"液态橡胶发泡成型"方法。技术专家根据一审法院在被告的生产现场拍摄的照片、视频情况以及鉴定报告的记载，对被控侵权方法认定并对双方争议焦点进行分析，被二审法院采纳。

涉案专利的独立权利要求1为一种水溶性液态橡胶发泡成型立体橡胶制品的制造方法，其特征在于：（1）选用天然橡胶液作为原材料，将其先发泡后的液态橡胶倒入预先设定不同厚度的初坯模中，其厚度依据成型橡胶制品所需指定部位所设计的厚度要求进行设定；（2）对初坯模进行烘烤，待发泡的液态橡胶干燥至可脱模程度且不完全定型的情况下，进行脱模，进而制得具有不同厚度的干燥橡胶制品初坯；（3）将上述制得的初坯再放于热压成型机中的成型模具内，经加温加压后热压成型；（4）冷却后，制得立体橡胶制品。

技术专家基于生产现场拍摄的照片和视频确认被控侵权方法是：选用橡胶液，将发泡后的液态橡胶倒入预先设定不同厚度的初坯模中，对初坯模进行加热烘烤，待发泡的液态橡胶干燥至可脱模程度且不完全定型的情况下，进行脱模，进而制得具有不同厚度的干燥橡胶制品初坯，将上述制得的初坯再放于热压成型机中的成型模具内，经加温加压后热压成型，冷却后，制得立体橡胶制品。以上步骤，与涉案专利的权利要求1所记载的步骤完全相同。

被告辩称，被控侵权方法与涉案专利的权利要求1有两个区别之处。首先，被控侵权方法使用的原料中不含天然橡胶，但从鉴定报告可知，用被控侵权方法制成的产品亦含有天然橡胶成分。其次，被控侵权方法无需经加热烘烤，而是在胶凝剂作用下瞬间凝固。对此，技术专家分析：该案现场所拍摄的照片、视频显示被告的生产线为隧道式生产线，生产线上多处覆盖有毛毡，且照片显示生产设备输送段上设有灯管。虽然被告声称该灯管为照明使用，但根据现场视频及照片显示，隧道式生产线的绝大部分输送段处均覆盖有毛毡，而毛毡在本领域已知的作用为用于生产线的保温。此外，在覆盖有毛毡的隧道式生产线上，灯管的灯光无法透过毛毡照射出来。若作为照明而言，灯管的作用不显著且不必要。据此，可以判断被控侵权方法在覆盖有毛毡的隧道式生产线内设置有起到加热烘烤作用的灯管，其亦具有对初坯模进行烘烤的技术特征。

涉案专利的权利要求2特征为：上述原材料的天然橡胶中混合有适量的丁苯橡胶液。由于被告在一审中确认原材料中含有丁苯橡胶液，故被控侵权方法落入涉案专利的权利要求2的保护范围。

综上所述，被告声称被控侵权方法的原料不含有天然橡胶，且无需对初坯模进行烘烤，缺乏事实与法律依据，构成等同侵权。最后该案判定为存在侵权行为。

【典型意义】

方法权利要求包括有时间要素的活动（方法、用途），制造方法、使用方法、通信方法、处理方法，以及将产品用于特定用途的方法等，通常用工艺过程、操作条件、步骤或者流程等技术特征来描述。

在对方法专利进行侵权判定时，对被控侵权方法与涉案专利保护的方法进行技术方案比对，具体到对比方法中的原料、工艺步骤、操作条件、步骤之间的关系等全部技术特征。

该案属于典型的涉及方法专利的等同侵权判定的案例。在庭审中，原告选取一审法院拍摄的生产线视频作为被告被控侵权方法的证据。两方的争议焦点一是原料成分，二是工艺细节。对方法侵权判定中某些技术特征的认定存在困难时，需要借助专业技术知识，通过成分鉴定、推理或者借助其他检测手段进行判定。该案通过经双方同意的委托鉴定公司鉴定，表明原料相同。

对于工艺特征，涉案专利方法中要求保护"对初坯模进行烘烤，待发泡的液态橡胶干燥至可脱模程度且不完全定型的情况下，进行脱模"，而被控侵权方法的照片显示生产设备输送段上设有灯管，该灯管的作用需要本领域技术人员的专业知识进行判断。通过分析被控侵权方法的生产线布局，与灯管相关的毛毡技术手段的关联性，得到被控侵权产品的灯管为起到加热作用的灯管，属于对初坯进行烘烤的等同技术特征。

此外，该案虽不涉及但仍有必要指出的是，方法专利特征比对时的特殊情况还包括对方法步骤的考虑，北京市高级人民法院发布的《专利侵权判定指南》指出，方法专利权利要求对步骤顺序有明确限定的，步骤本身以及步骤之间的顺序均应对专利权的保护范围起到限定作用；方法专利权利要求对步骤顺序没有明确限定的，不应以此为由，不考虑步骤顺序对权利要求的限定作用，而应当结合说明书及附图、权利要求记载的整体技术方案、各个步骤之间的逻辑关系以及专利审查档案，从所属技术领域的技术人员的角度出发，确定各步骤是否应当按照特定的顺序实施。

【案例4-8】遥控玩具挖掘机产品实用新型侵权判定

在侵权判定的技术特征事实比对中，划分技术特征进行比对应注意考虑技术特征的关联性，这其中不仅包括与涉案专利记载的对应的技术手段，有时也包括并非与涉案专利特征对应的但与涉案专利的特征存在关联关系的其他技术特征，从技术方案的整体上进行考量，协同判断给出侵权判定结论，切忌割裂技术特征进行对比。

【案情简介】

涉案专利权人申请了一项涉及电机驱动遥控玩具挖掘机的实用新型专利，处于授权后维持状态。涉案专利共有9项权利要求，权利要求2~9从属权利要求1。其中，授权时独立权利要求1的记载内容如下：一种多电机驱动遥控玩具挖掘机，包括底座行走机构、控制室和挖掘机构；底座行走机构包括底座本体，底座本体的前端设置有行走驱动装置及驱动轮，底座本体的后端设置有从动轮，底座本体的上端面中心位置处设置有控制室支撑座；行走驱动装置分左、右两个分别固定在底座本体上，行走驱动装置的动力输出端的驱动轴上固定连接有驱动轮；控制室包括电控板、电源盒、控制室壳体、控制室底座、设置于控制室壳体内部的大臂驱动机构、控制室驱动装置及转动机构；大臂驱动机构、控制室驱动装置均与控制室底座固定，控制室驱动装置的动力输出端设置有驱动齿轮a，驱动齿轮a与转动机构构成传动连接；挖掘机构包括大臂、小臂和挖掘铲，挖掘铲与小臂的顶端通过四连杆机构连接，小臂的末端与大臂的顶端构成转动连接；大臂的末端固定有半圆形齿轮，半圆形齿轮与大臂驱动机构构成传动连接；小臂的末端固定有半圆形齿轮，小臂末端的半圆形齿轮与大臂顶端设置的挖掘臂驱动机构的动力输出端构成传动连接；挖掘铲上固定的挖掘铲驱动齿轮与小臂的顶端设置的挖掘臂驱动机构的动力输出端构成传动连接。

该专利权人在市场中发现一款遥控玩具挖掘机产品（以下简称委托认定产品），对于该产品是否侵犯其已拥有的实用新型专利权，专利权人请求相关部门出具专利侵权判定技术咨询意见。

【技术调查焦点】

如何将实用新型专利与委托认定产品进行特征对比？

相关人员经过对委托认定产品拆解，并与上述实用新型专利相关权利要求要求保护的技术方案进行了全面技术特征比对后，分析认为：该实用新型专利要求保护的一种多电机驱动遥控玩具挖掘机中，记载了特征5"所述控制室包括设置于控制室壳体内部的大臂驱动机构，大臂驱动机构与控制室底座固定；所述大臂末端固定有半圆形齿轮，半圆形齿轮与大臂驱动机构构成传动连接"，涉案专利的附图如图4-10、图4-11所示。大臂驱动机构（16）包括壳体b（37）、设置于壳体b（37）内部的驱动电机（14）、与驱动电机（14）动力输出端构成传动连接的大臂驱动齿轮组（36）；壳体b（37）上设置有弧形凹槽（17），弧形凹槽（17）的两侧壁之间设置有固定杆（18）；大臂（39）末端固定的半圆形齿轮（47）通过中心通孔套接于固定杆（18）上，二者构成转动连接，大臂（39）末端的半圆形齿轮（47）与大臂驱动齿轮组（36）的动力输出端齿轮构成传动连接。挖掘臂驱动机构（45）包括壳体c（50）、设置于壳体c（50）内部的驱动电机（14）、与驱动电机（14）动力输出端构成传动连接的挖掘臂驱动齿轮组（49），挖掘臂驱动齿轮组（49）的末端为端部驱动齿（48）；挖掘铲驱动齿轮（46）与小臂（40）顶端设置的挖掘臂驱动机构（45）的端部驱动齿（48）构成传动连接；小臂（40）末端固定的半圆形齿轮（47）与大臂（39）顶端设置的挖掘臂驱动机构（45）的端部驱动齿（48）构成传动连接；挖掘臂驱动机构（45）的挖掘臂驱动齿轮组（49）中设置有离合齿轮组（51）。

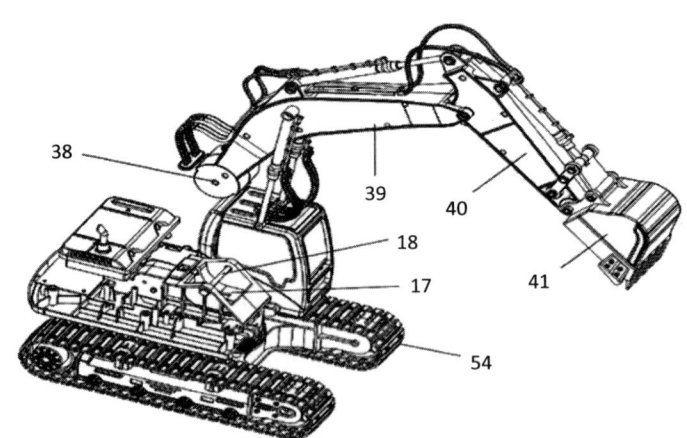

图4-10　多电机驱动遥控玩具挖掘机分解结构示意图

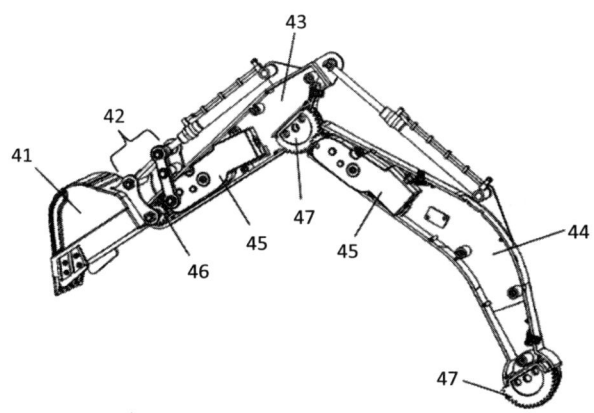

图 4-11 挖掘臂驱动机构示意图

委托认定产品在经过实物拆解后,与涉案专利的权利要求 1 中请求保护的技术方案存在的不同之处在于:涉案专利的大臂末端固定有半圆形齿轮,该半圆形齿轮相对大臂固定不动,位于控制室壳体内部的大臂驱动机构与该半圆形齿轮啮合,半圆形齿轮转动过程中伴随大臂绕固定杆(18)转动。

然而,如图 4-12 和图 4-13 所示,委托认定产品中圆形齿轮通过固定杆和限位杆分别固定连接在大臂旋转支撑机构上的中心通孔和固定孔中,大臂驱动机构与圆形齿轮啮合,大臂驱动机构绕该固定的圆形齿轮(也以中心通孔轴线为中心)进行"行星运动",由于大臂驱动机构固定在大臂壳体内,故大臂也绕圆形齿轮(也以中心通孔轴线为中心)进行"行星运动";进一步地,为了顺利实施该"行星运动",在大臂壳体处配合限位杆设有避让导槽。

需要注意的是,该避让导槽既是为了使大臂转动而在大臂壳体处开设的通槽,也是为限制大臂转动角度而设,大臂转动角度的限制与避让导槽结合使用的手段还包括上、下限位器,其分别设在大臂旋转支撑机构的对应避让导槽可避让限位杆的两个极限位置处。

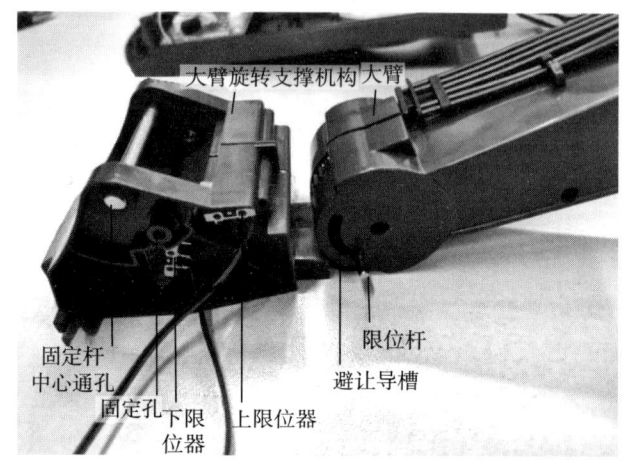

图 4-12　委托认定产品的大臂旋转支撑机构结构示意图

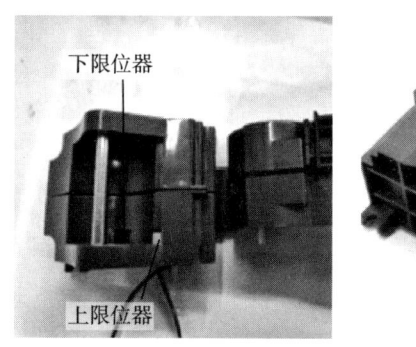

图 4-13　委托认定产品的拆解图

如此，为了使大臂转动，委托认定产品采用的手段是：相对大臂转动的圆形齿轮+大臂驱动机构固定在大臂壳体内+限位杆+避让导槽。采用该手段还附加地达到对大臂转动角度限位的技术效果，即采用上述手段可使大臂转动的同时还能控制其转动角度。而涉案专利为完成大臂转动动作，其所采用的手段是：相对大臂固定不动的半圆形齿轮+大臂驱动机构固定在控制室壳体内部。显然这不能实现转动角度的控制，只能实施大臂的转动，转动角度的控制还需结合其他手段。本领域技术人员并不会轻易想到将大臂驱动机构布置到大臂壳体内，因为这涉及另一技术问题——控制转动角度的考虑，显然这并非通过大臂驱动机构布置位置的简单选择便可达成的。

因此，委托认定产品不包含涉案专利的权利要求1中的上述技术特征5，委托认定产品和涉案专利采用了不同技术手段，其所能解决的技术问题（或所要达到的功能）以及所能达到的技术效果也不相同。即在涉及驱动大臂旋转的特征上，委托认定产品与涉案专利的技术手段既不相同，也不等同。

【典型意义】

该案中，按照全面覆盖原则和等同原则，确定委托认定产品或方法（以下仅以委托认定产品为例）与涉案专利中的技术手段之间是否相同或等同时，要注意技术特征之间的关联性。在进行技术特征的划定及比对时，无论对于涉案专利，还是被控侵权产品，应整体看待关联技术特征，协同判断。在比对时，除了考虑被控侵权产品中与涉案专利的权利要求书中记载特征相应的技术手段，由于被控侵权产品中通常会在涉案专利的技术方案基础上进一步囊括其他改进技术手段，且改进技术手段可能与基础方案的相关技术手段之间存在紧密关联，因而在确定相关技术手段是否相同或等同时，实际操作中还可借助被控侵权产品中的其他改进技术手段来协同判断。以上述"大臂转动"的完成为例，委托认定产品的技术手段"固定在控制室壳体内部大臂驱动机构"在不能准确地确定其除了"部件布置位置的简单调整"含义，是否还存在其他技术含义时，便可依据其结合使用的技术手段"相对大臂固定不动的半圆形齿轮"以及"限位杆+避让导槽"来作出正确判断，经对比认定，委托认定产品的大臂驱动结构与涉案专利的驱动运动形式不同，设置位置不同，并共同影响转动限位结构的设置，与涉案专利不构成等同特征。

概括而言，在进行技术事实认定时，应当注重相关技术手段，甚至是不与涉案专利相关的技术特征对应的被控侵权产品中的其他技术手段之间在实际作用上的整体关联性，如此才能准确作出事实认定，保证后续侵权判定中的说服力。

此外，该案的权利要求特征比对较为复杂。专利侵权判定一直是各国司法实践中的难点。专利侵权判定与合同违约判定不同，合同有合同条款，操作性较强，而专利侵权判定需要将产品、方法与权利要求比较，但被控侵权产品、方法通常与涉案专利的权利要求记载的是不一致的，加之专利所具有的除法律意义以外的技术意义的特性，对于没有相关领域技术知识积累的从业人员而言，在认定事实阶段便存在诸多障碍，因而也导致后续难以作出专利侵权的判定。随着知识产权保护工作的深入，市场对专利侵权、专利维权等工作的效率、准确性都提出了更高的要求，这种现实情况也迫切需要各地知识产权相关部门能够整合、运用好手中资源，以切实满足知识产权保护工作中对准确认定、快速维权的需要。

3. 审查员有话说

等同侵权是指在专利侵权判定中，被控侵权的技术方案虽然在某些技术特征上与涉案专利的权利要求不完全相同，但这些技术特征通过基本相同的手段实现了基本相同的功能和效果，并且本领域技术人员无需经过创造性劳动即可联想到这些特征，同样被认定为侵权。因此，基于等同原则的专利撰写建议如下。

（1）撰写权利要求时尽可能地涵盖可能的等同特征。

权利要求的撰写应以记载解决技术问题的必要技术特征为主，并包括与该必要技术特征等同的特征。首先，在权利要求中除采用上位概念进行概括外，还应注意具体列举可能的实施方式，将其作为从属权利要求进行布局，这有助于减少诉讼过程中的不确定性，避免因等同侵权判定而带来的额外时间和精力的消耗。其次，在撰写时应充分考虑并穷举所有可能的等同技术特征，这有助于确保专利保护范围的全面性，防止竞争对手通过小改进规避专利保护。因此，在撰写权利要求时，应确保所有关键的技术特征都被详细地描述，并尽可能地涵盖可能的等同特征。

（2）撰写说明书时多层次列举等同方式。

说明书必须包括对发明或发现的详细描述，以及制造和使用的方法和过程，以便任何熟悉该领域的技术人员能够制造和使用该发明。这有助于解释功能性技术特征，并确保等同特征的判定有充分的技术支持。在撰写专利申请文件时，应详细描述关键技术特征及其替代方案，以确保独立权利要求的准确性和有效性；同时，应避免刻意排除某些技术特征，以免限制等同原则的适用。在描述技术特征时，尽量采用结构性和组成性特征，并在说明书中用多个实施例说明可实现功能的多种等同方式。例如，如果权利要求中使用了功能性限定，法院会根据说明书及附图描述的具体实施方式及其等同的实施方式来确定技术特征的内容。

在列举等同要素时，应充分考虑产品部件位置的改变、技术特征的拆分和合并等因素，尽量列举明显的等同要素，如相似要素、替代元件、类似手段等，并采用合理上位概括和多层次列举的方法，以尽可能将潜在侵权方案纳入保护范围。例如，某些部件的位置移动如果不需要创造性劳动且不带来功能和效果上的明显差异，则可能构成等同特征。此外，专利申请撰写时应避免限定特定使用环境，减少因环境限制导致的侵权判定问题，有助于扩大专利保护范围。

三、适用禁止反悔原则的典型案例

禁止反悔原则在专利法中主要用于限制专利权人在专利申请或无效宣告程序中所作出的让步或修改，在后续的侵权诉讼中不得再主张更广泛的保护范围。

1. 常见案例类型

禁止反悔原则在专利侵权判定中的重要性和普遍适用性不言而喻。无论是修改权利要求、放弃特征、声明和陈述，还是其他情形，只要专利权人在之前的程序中作出了某些让步或修改，就不能在后续的侵权诉讼中重新主张这些被放弃或修改的技术特征。这不仅保护了专利审查的公正性，也确保了市场竞争的公平性和有序性。以下是常见的适用禁止反悔原则的情形。

（1）修改权利要求。

在专利审查过程中，申请人为了解决审查员提出的异议，可能会对专利的权利要求进行修改，从而缩小专利的保护范围。这通常意味着放弃了某些技术特征或使某些条件具体化。在后续的侵权诉讼中，专利权人不能基于被修改的特征来主张等同侵权。

智能锁

专利申请过程：某公司在专利审查过程中，为了避开现有技术，将"通过指纹识别解锁"的描述修改为"通过电容式指纹传感器识别解锁"。

侵权诉讼：在后续的侵权诉讼中，该公司试图主张使用光学指纹识别技术的产品构成等同侵权。

分析：由于在专利审查过程中，该公司已经将技术方案限定为"电容式指纹传感器"，因此，在侵权诉讼中不能再将其他类型的指纹识别技术（如光学指纹识别）视为等同特征，否则会违反禁止反悔原则。

（2）放弃特征。

专利申请人在审查过程中明确表示放弃专利的某些特征或范围，以换取专利授权。在后续的侵权诉讼中，专利权人不能就这些已被放弃的特征或范围主张侵权。

 示 例

可伸缩手柄

专利申请过程：某公司在专利审查过程中，针对新颖性异议，同意删除权利要求中关于"可伸缩手柄"的特征。

侵权诉讼：在后续的侵权诉讼中，该公司试图主张被控侵权产品中的类似手柄为等同特征。

分析：在这个案例中，该公司在专利审查过程中已经放弃了"可伸缩手柄"的特征。因此，在后续的侵权诉讼中，该公司不能主张被控侵权产品中的类似手柄为等同特征，否则会违反禁止反悔原则。

（3）声明和陈述。

专利申请人在审查或无效宣告程序中，通过声明或陈述放弃某些技术特征或范围。在侵权诉讼中，这些声明或陈述可以作为禁止反悔的证据，限制专利权人的主张。

 **示 例**

快速充电技术

专利申请过程：某公司在答复审查意见时，强调其专利中的"快速充电技术"与现有技术的区别在于使用了"专用充电器"，并明确表示不包括"通用充电器"。

侵权诉讼：在后续的侵权诉讼中，该公司试图主张使用通用充电器的产品为等同侵权。

分析：在这个案例中，该公司在专利审查过程中已经明确表示"快速充电技术"仅限于使用"专用充电器"。因此，在后续的侵权诉讼中，公司不能主张使用通用充电器的产品为等同侵权，否则会违反禁止反悔原则。

（4）等同侵权限制。

专利权人在专利审查过程中放弃了某些技术特征，而在侵权诉讼中试图通过等同原则来涵盖这些特征，这是禁止反悔原则要限制的行为。

 **示 例**

钢制弹簧

专利申请过程：某公司在专利审查过程中，为了克服审查员提出的异议，将"金属弹簧"限定为"钢制弹簧"。

侵权诉讼：在后续的侵权诉讼中，该公司试图主张橡胶或其他材料的弹性元件为等同特征。

分析：在这个案例中，该公司在专利审查过程中已经将"金属弹簧"限定为"钢制弹簧"。因此，在后续的侵权诉讼中，公司不能主张橡胶或其他材料的弹性元件为等同特征，否则会违反禁止反悔原则。

（5）行政投诉撤回。

当专利权人在行政投诉或专利无效宣告请求中，为了维护专利的有效性而作出了某些让步或修改，之后在侵权诉讼中不能对这些让步或修改的特征主张更宽泛的保护。

双层绝缘

专利无效宣告过程：某公司在专利无效宣告请求中，为了维持专利的有效性，同意删除关于"双层绝缘"的特征。

侵权诉讼：在后续的侵权诉讼中，该公司试图主张被控侵权产品中的类似双层绝缘设计为等同特征。

分析：在这个案例中，该公司在专利无效宣告过程中已经放弃了"双层绝缘"的特征。因此，在后续的侵权诉讼中，公司不能主张被控侵权产品中的类似双层绝缘设计为等同特征，否则会违反禁止反悔原则。

（6）专利无效宣告。

在专利无效宣告程序中，专利权人可能为了维持专利的有效性而对权利要求进行修改或限缩。在后续的侵权诉讼中，这些修改或限缩的范围将作为禁止反悔的界限，限制专利权人对等同特征的主张。

四核处理器

专利无效宣告过程：某公司在专利无效宣告程序中，为了应对无效宣告请求，将权利要求中的"高速处理器"修改为"四核处理器"。

侵权诉讼：在后续的侵权诉讼中，该公司试图主张被控侵权产品中的双核处理器为等同特征。

分析：在这个案例中，该公司在专利无效宣告过程中已经将"高速处理器"限定为"四核处理器"。因此，在后续的侵权诉讼中，该公司不能主张被控侵权产品中的双核处理器为等同特征，否则会违反禁止反悔原则。

（7）技术特征明确排除。

在专利申请或审查过程中，申请人明确排除了某些技术特征，以解决审查员提出的异议,在后续的侵权诉讼中,专利权人不能就这些被明确排除的特征主张侵权。

📚 **示例**

无线充电功能

专利申请过程:某公司在专利审查过程中,为了解决审查员提出的异议,明确排除了"无线充电功能"。

侵权诉讼:在后续的侵权诉讼中,该公司试图主张被控侵权产品中的无线充电功能为等同特征。

分析:在这个案例中,该公司在专利审查过程中已经明确排除了"无线充电功能"。因此,在后续的侵权诉讼中,该公司不能主张被控侵权产品中的无线充电功能为等同特征,否则会违反禁止反悔原则。

---

(8)技术特征替换。

在专利申请或审查过程中,申请人将某些技术特征替换为其他特征,以解决审查员提出的异议。在后续的侵权诉讼中,专利权人不能就这些被替换的技术特征主张侵权。

📚 **示例**

超声波传感器

专利申请过程:某公司在专利审查过程中,将"红外传感器"替换为"超声波传感器"。

侵权诉讼:在后续的侵权诉讼中,该公司试图主张被控侵权产品中的红外传感器为等同特征。

分析:在这个案例中,该公司在专利审查过程中已经将"红外传感器"替换为"超声波传感器"。因此,在后续的侵权诉讼中,该公司不能主张被控侵权产品中的红外传感器为等同特征,否则会违反禁止反悔原则。

---

(9)技术特征解释。

在专利申请或审查过程中,申请人对某些技术特征进行了特别解释,以解决审查员提出的异议。在后续的侵权诉讼中，专利权人不能就这些被特别解释的技术特征主张侵权。

GPS 定位系统

专利申请过程：某公司在专利审查过程中，对"高精度定位系统"进行了特别解释，将其限定为"GPS 定位系统"。

侵权诉讼：在后续的侵权诉讼中，该公司试图主张被控侵权产品中的其他定位系统为等同特征。

分析：在这个案例中，该公司在专利审查过程中已经将"高精度定位系统"限定为"GPS 定位系统"。因此，在后续的侵权诉讼中，该公司不能主张被控侵权产品中的其他定位系统为等同特征，否则会违反禁止反悔原则。

（10）权利要求限缩。

在专利申请或审查过程中，申请人为了解决审查员提出的异议，对权利要求进行了限缩，明确了某些技术特征的具体范围。在后续的侵权诉讼中，专利权人不能就这些被限缩的技术特征主张更宽泛的保护。

特定尺寸的连接件

专利申请过程：某公司在专利审查过程中，为了解决审查员提出的异议，将"连接件"的尺寸限定为"直径 5~10mm"。

侵权诉讼：在后续的侵权诉讼中，该公司试图主张被控侵权产品中的直径为 4mm 的连接件为等同特征。

分析：在这个案例中，该公司在专利审查过程中已经将"连接件"的尺寸限定为"直径 5~10mm"。因此，在后续的侵权诉讼中，该公司不能主张被控侵权产品中的直径为 4mm 的连接件为等同特征，否则会违反禁止反悔原则。

2. 典型案例详解

【案例4-9】印刷布线板用屏蔽膜以及印刷布线板发明专利侵权案

禁止反悔原则主要用于限制专利权人在专利申请或无效宣告程序中所作出的让步或修改,在后续的侵权诉讼中不得再主张更广泛的保护范围。

【案情简介】

原告就主题为"印刷布线板用屏蔽膜以及印刷布线板"的发明专利,请求法院判决被告立即停止制造、销售、许诺销售侵害原告专利的行为。

该专利的部分审查流程如下。

2011年6月27日,国家知识产权局发出第一次审查意见通知书,载明审查是针对下列申请文件进行的:依据《专利合作条约》第28条或者第41条提交的修改,权利要求第1~32项;2010年2月3日提交的说明书第1~188段、说明书附图、说明书摘要、摘要附图。审查意见包括以下内容:修改后的权利要求8不符合《专利法》第三十三条的规定;申请人于2010年2月3日提交的按照《专利合作条约》第41条作出的修改文本超出了原说明书和权利要求书记载的范围,不符合《专利法》第三十三条的规定;新提交的权利要求8修改后的技术特征"第一金属层的两面沿着所述绝缘层的单面表面形成"在原申请文件中没有记载;原申请文件仅记载了波纹结构的第一金属层和大致平坦结构的第一金属层两种实施例,没有给出第一金属层以其他方式(比如锯齿形或连续的凹凸形)的形成结构,而且本领域技术人员也不能从原申请文件记载的内容直接、毫无疑义地得到除了波纹和平坦方式以外的其他形成结构;同时由于第一金属层在绝缘体的单面形成,与绝缘体仅单面相贴,本领域技术人员也不能从原申请文件记载的内容直接、毫无疑义地得出如何将第一金属层的哪两个面沿着绝缘层的单面延展形成,因此这一修改超出了原说明书和权利要求书记载的范围;修改后权利要求8的技术方案和原技术方案相比有实质性的区别,使得新的权利要求出现了原申请中没有记载的新的技术方案,因此不符合《专利法》第三十三条中有关修改不得超出原权利要求书和说明书记载的范围的规定。

2011年10月25日,申请人针对上述第一次审查意见通知书作出意见陈述书,包括以下内容:审查员指出权利要求8的技术特征"第一金属层的两面沿着所述绝缘层的单面表面形成"没有记载在原申请文件中,不符合《专利法》第三十三条的规定;对此,申请人将权利要求 8 的上述特征修改成"所述第一金属层以沿着所述绝缘层的所述单面表面成为波纹结构的方式形成"。通过上述修改,权利要求 8 记载的技术方案与原说明书记载的内容一致,能够符合《专利法》第三十三条的规定。

【技术调查焦点】

原告认为,关于权利要求 8 中记载的"波纹结构",《现代汉语词典》将波纹的含义解释为"小波浪形成的水纹",生活中这种水纹都是平滑地上下波动;结合涉案专利发明的目的,为了避免第一金属层在反复弯曲和滑动中由于曲率突变发生断裂的情形,权利要求 8 中的"波纹结构"应当理解为"基本平滑的上下波动的结构";而国家知识产权局在第一次审查意见通知书中提及的"锯齿形"和"连续的凹凸形"指的都是曲率突变的形状,不是权利要求 8 的"波纹结构",而且申请人的修改也只是将权利要求恢复到原始申请文件的状态,并未表示要放弃某些技术方案。对于被控侵权产品而言,被告的产品手册提及其屏蔽膜产品中金属层的厚度为 $0.2\sim1.5\mu m$,因此放大到微米级别来观察第一金属层的形状结构是合理的;被控侵权产品的第一金属层呈现了明显的"波纹结构"。

被告认为,首先,根据国家知识产权局的第一次审查意见通知书以及原告针对该审查意见的意见陈述,依据禁止反悔原则,涉案专利的权利要求 8 中记载的第一金属层的波纹结构应当仅限于涉案专利说明书附图 1 中所显示的由多个等高等长的弧形构成的波纹结构,而不包括锯齿形、连续的凹凸形等任何其他形态的结构。其次,涉案专利的权利要求 8 中的第一金属层的"波纹结构"与"算术平均粗糙度"两个技术特征相比,应当分别属于宏观和微观的概念,前者是权利人希望具有特定形状的,而后者属于随机无序且无特定形状的,既然权利要求中记载微观的"算术平均粗糙度"为 $0.5\sim5.0\mu m$,则宏观的"波纹结构"的波高应当远远大于 $5.0\mu m$。再次,涉案鉴定意见的切片 SEM 结果图所体现的被控侵权产品第一金属层的细微凹凸不平的最高点到最低点目测应该小于 $5.0\mu m$,实质上只是由于第一金属层的"算术平均粗糙度"造成的,因此被控侵权产品第一金属层的结构应当属于大致平坦的结构而非波纹结构。最后,退一步而言,即使认为被控侵权产品第一金属层的细微凹凸不是粗糙度的问题,而是属于凹凸结构,由于149幅切片SEM结果图中的第一金属层结构没有一张是完全相同的,因此该种结构与涉案专利的权利要求8由多个等高等长的弧形构成的波纹结构既不相同也不等同。

技术调查人员在该案中认为,在确定涉案发明专利权的保护范围时,双方当事人关于权利要求的解释存在争议的技术特征是权利要求8中"第一金属层以沿着所述绝缘层的所述单面表面成为波纹结构的方式形成",关键在于其中第一金属层的波纹结构应如何解释。鉴于锯齿形结构是具有锯条上的尖齿形状的结构,与波纹结构区别明显,因此在解释波纹结构时,关键要结合如何区分波纹结构与连续的凹凸形结构进行。波纹是细微的波浪形成的水纹,而波浪是水面形成的具有周期性的连续高低起伏运动。凹凸形是具有凹陷和凸起、高低起伏的形状,并未限定凹陷的深度和凸起的高度,也未限定凹凸是平滑还是曲率突变的形态,以及是否具有周期性等具体要素。由于凹凸结构与波纹结构均具有高低起伏的特征,而波纹结构是在凹凸结构的基础上进一步限定为具有周期性的,如同细微波浪般起伏的结构,因此一般理解为凹凸结构属于波纹结构的上位概念,比波纹结构涵盖的范围更广。涉案权利要求8中第一金属层的波纹结构,不应当包括随机变化的、无规律高低起伏的连续凹凸形结构。

因此,法院一审认为,由于凹凸结构与波纹结构均具有高低起伏的特征,而波纹结构是在凹凸结构的基础上进一步限定为具有周期性的、如同细微波浪般连续高低起伏的结构,因此在一般含义上理解,凹凸结构属于波纹结构的上位概念,比波纹结构涵盖的范围更广。根据前述涉案专利的说明书和附图、涉案专利的发明目的,以及专利审查档案的内容,结合以上关于波纹结构、凹凸形结构的一般含义及其区分,涉案专利的权利要求8中第一金属层的波纹结构,指的是具有周期性的、基本平滑的、朝着一个方向连续高低起伏波动的结构,虽然波长和波高不应限定于相等波长或相等波高,但是不应当包括随机变化的、无规律高低起伏的连续凹凸形结构。故被控侵权产品的技术特征未落入涉案专利的独立权利要求保护范围。

【典型意义】

该案在专利审查程序中,审查员指出超范围之后,申请人对权利要求再次进行修改，对审查意见未作出任何反驳，特别是未对审查员认为权利要求包含的第一金属层以其他方式（比如锯齿形或连续的凹凸形）的形成结构超出原申请文件记载范围的意见进行反驳。因此，对于社会公众而言，专利审查档案中的以上内容形成了国家知识产权局与原申请人经过审查、修改并陈述、再审查的过程对该技术特征的权利边界已达成一致意见的公示作用，应视为原申请人同意了审查意见认为的修改后的"第一金属层的两面沿着所述绝缘层的所述单面表面形成"的技术特征除第一金属层以波纹结构的方式形成外还包含了第一金属层以其他方式（比如锯齿形和连续的凹凸形）形成的结构。因此，根据禁止反悔原则，专利申请人在专利授权程序中，通过对权利要求的修改或意见陈述而放弃的技术方案，权利人在侵犯专利权纠纷中不能再将其纳入专利权保护范围。

3. 审查员有话说

申请人在专利申请过程中应该注意以下几方面的问题。

（1）修改权利要求时要慎重。

申请人可对权利要求作进一步限定，以克服原权利要求无新颖性或创造性、缺少解决技术问题的必要技术特征、未以说明书为依据或者未清楚地限定要求专利保护的范围等缺陷。但需要注意的是，如申请人根据原说明书中所记载的某一种实施方式或实施例对权利要求作进一步限定，依据禁止反悔原则，意味着申请人同意放弃与该实施方式或实施例"等同"的其他实施方式或实施例。

（2）重视专利审查档案的法律效力。

申请人应当重视审查过程中专利审查文档的法律效力，在对权利要求进行解释时，除了应当运用说明书、附图及其他相关权利要求，还应当结合专利审查档案进行解释，并且说明书、附图、其他相关权利要求以及专利审查档案对于权利要求的解释作用，优于工具书、教科书等公知文献以及本领域普通技术人员对权利要求含义的通常理解，后者仅在前者不足以明确权利要求时起补充解释的作用。依据专利审查档案的内容，可以明确申请人在专利申请过程中对于专利权保护范围所作的真实意思表示与客观行为，确定国家知识产权局与申请人在划定专利权边界上达成了哪些一致的意见，并对社会公众形成了何种公示作用，从而使法院认定的专利权保护范围符合专利权产生时所公示的边界，符合国家授予、保护这种专有性、垄断性权利的初衷，如此才能为社会公众提供明确的法律预期，避免不当压缩社会公众对于公知技术自由运用的空间。

（3）权利要求的撰写。

关于组合物的辅料是否必须写入权利要求中，需要依据辅料的作用、辅料是否属于必要技术特征作出分析和判断。具体来说，对于用于生成目标产物的辅料，其最终成分中并不必然包含该辅料，在产品权利要求中，建议申请人将该辅料的成分和作用加入权利要求中。由于封闭式权利要求仅包含其已经写明的组分，原则上应排除未写明的组分。对于不想将辅料写入权利要求的情况，建议申请人将包含辅料的权利要求撰写为开放式权利要求。

四、适用捐献原则的典型案例

捐献原则是指专利权人在专利说明书或权利要求书中明确描述的技术特征，即使未被纳入权利要求的保护范围，也被视为向公众捐献，从而不能在侵权诉讼中主张这些特征为等同特征。

1. 常见案例类型

无论是说明书中的捐献、权利要求书中的捐献、实施例中的捐献、审查过程中的捐献、公开披露中的捐献、说明书中的具体描述，还是审查意见回复中的捐献的情形，只要专利权人在专利申请过程中明确描述了某些技术特征，但这些特征并未被纳入最终的权利要求的保护范围，就不能在后续的侵权诉讼中重新主张这些捐献的技术特征。

（1）说明书中的捐献。

在专利申请过程中，申请人在专利说明书中明确描述了某些技术特征或实施方案，但这些特征并未被纳入权利要求的保护范围。在后续的侵权诉讼中，专利权人不能基于这些捐献的技术特征来主张等同侵权。

---📖 示 例---

带触摸屏的移动设备

专利申请过程：某专利说明书详细描述了一种"带触摸屏的移动设备"，并在说明书中提到了一种"电容式触摸屏"的具体实施方式，但权利要求中只提到"触摸屏"而未具体限定为"电容式触摸屏"。

侵权诉讼：在后续的侵权诉讼中，专利权人试图主张被控侵权产品中的电阻式触摸屏为等同特征。

分析：在这个案例中，专利说明书中虽然详细描述了"电容式触摸屏"，但最终的权利要求中仅限定了"触摸屏"。因此，在后续的侵权诉讼中，专利权人不能主张被控侵权产品中的电阻式触摸屏为等同特征，否则会违反捐献原则。

(2) 权利要求书中的捐献。

在专利申请过程中，申请人在权利要求书中明确描述了某些技术特征，但这些特征并未被纳入最终的权利要求保护范围。在后续的侵权诉讼中，专利权人不能基于这些捐献的技术特征来主张等同侵权。

---📖 示 例---

高效电池管理系统

专利申请过程：某专利权利要求中描述了一种"高效电池管理系统"，但在说明书和权利要求书中提到了"锂离子电池"作为具体实施方式之一。然而，最终的权利要求中并没有限定为"锂离子电池"。

侵权诉讼：在后续的侵权诉讼中，专利权人试图主张被控侵权产品中的镍镉电池为等同特征。

分析：在这个案例中，虽然专利说明书中提到了"锂离子电池"，但最终的权利要求中并未限定为"锂离子电池"。因此，在后续的侵权诉讼中，专利权人不能主张被控侵权产品中的镍镉电池为等同特征，否则会违反捐献原则。

(3) 实施例中的捐献。

在专利申请过程中，申请人在专利说明书中提供了多个实施例，但最终的权利要求只选择了其中的一部分实施例进行保护。在后续的侵权诉讼中，专利权人不能基于那些未被保护的实施例主张等同侵权。

——————

智能温控系统

专利申请过程：某专利说明书提供了一种"智能温控系统"的多个实施例，其中包括"温度传感器""湿度传感器"和"气压传感器"。然而，最终的权利要求中只选择了"温度传感器"。

侵权诉讼：在后续的侵权诉讼中，专利权人试图主张被控侵权产品中的湿度传感器为等同特征。

分析：在这个案例中，专利说明书提供了多个实施例，但最终的权利要求中仅限定了"温度传感器"。因此，在后续的侵权诉讼中，专利权人不能主张被控侵权产品中的湿度传感器为等同特征，否则会违反捐献原则。

(4) 审查过程中的捐献。

在专利审查过程中，申请人为了解决审查员提出的异议，可能会在说明书中加入某些技术特征或实施例，但这些特征并未被纳入最终的权利要求保护范围。在后续的侵权诉讼中，专利权人不能基于这些捐献的技术特征来主张等同侵权。

———示例———

防水设计

专利申请过程：某公司在审查过程中，为了解决审查员提出的异议，在说明书中加入了"防水设计"的实施例，但最终的权利要求中并未限定为"防水设计"。

侵权诉讼：在后续的侵权诉讼中，专利权人试图主张被控侵权产品中的防水设计为等同特征。

分析：在这个案例中，虽然该公司在审查过程中加入了"防水设计"的实施例，但最终的权利要求中并未限定为"防水设计"。因此，在后续的侵权诉讼中，专利权人不能主张被控侵权产品中的防水设计为等同特征，否则会违反捐献原则。

（5）公开披露中的捐献。

在专利申请过程中，申请人在专利说明书中公开披露了某些技术特征或实施例，但这些特征并未被纳入最终的权利要求保护范围。在后续的侵权诉讼中，专利权人不能基于这些公开披露的技术特征来主张等同侵权。

 示例

高效空气净化器

专利申请过程：某专利说明书详细描述了一种"高效空气净化器"，并在说明书中提到了一种"HEPA 滤网"的具体实施方式，但权利要求中只提到"滤网"而未具体限定为"HEPA 滤网"。

侵权诉讼：在后续的侵权诉讼中，专利权人试图主张被控侵权产品中的活性炭滤网为等同特征。

分析：在这个案例中，虽然专利说明书中提到了"HEPA 滤网"，但最终的权利要求中仅限定了"滤网"。因此，在后续的侵权诉讼中，专利权人不能主张被控侵权产品中的活性炭滤网为等同特征，否则会违反捐献原则。

（6）说明书中的具体描述。

在专利申请过程中，申请人在专利说明书中对某些技术特征进行了详细描述，但这些特征并未被纳入最终的权利要求保护范围。在后续的侵权诉讼中，专利权人不能基于这些详细描述的技术特征来主张等同侵权。

示例

智能照明系统

专利申请过程：某专利说明书详细描述了一种"智能照明系统"，并在说明书中提到了"LED 灯"的具体实施方式，但权利要求中只提到"照明设备"而未具体限定为"LED 灯"。

侵权诉讼：在后续的侵权诉讼中，专利权人试图主张被控侵权产品中的卤素灯为等同特征。

分析：在这个案例中，虽然专利说明书中详细描述了"LED 灯"，但最终的权利要求中仅限定了"照明设备"。因此，在后续的侵权诉讼中，专利权人不能主张被控侵权产品中的卤素灯为等同特征，否则会违反捐献原则。

（7）审查意见回复中的捐献。

在专利申请过程中，申请人为了解决审查员提出的异议，在审查意见回复中明确表示放弃某些技术特征或实施例，这些特征并未被纳入最终的权利要求保护范围。在后续的侵权诉讼中，专利权人不能基于这些放弃的技术特征来主张等同侵权。

示例

可折叠屏幕

专利申请过程：某公司在审查意见回复中，为了解决审查员提出的异议，明确表示放弃"可折叠屏幕"的特征，但最终的权利要求中并未限定为"不可折叠屏幕"。

侵权诉讼：在后续的侵权诉讼中，专利权人试图主张被控侵权产品中的可折叠屏幕为等同特征。

分析：在这个案例中，虽然该公司在审查意见回复中放弃了"可折叠屏幕"的特征，但最终的权利要求中并未限定为"不可折叠屏幕"。因此，在后续的侵权诉讼中，专利权人不能主张被控侵权产品中的可折叠屏幕为等同特征，否则会违反捐献原则。

（8）说明书中的替代方案捐献。

在专利申请过程中，申请人在专利说明书中描述了多种替代方案，但这些替代方案并未被纳入最终的权利要求保护范围。在后续的侵权诉讼中，专利权人不能基于这些替代方案来主张等同侵权。

多功能打印机

专利申请过程：某专利说明书详细描述了一种"多功能打印机"，并提到了多种打印头技术，包括喷墨打印头和激光打印头，但权利要求中只限定了"喷墨打印头"。

侵权诉讼：在后续的侵权诉讼中，专利权人试图主张被控侵权产品中的激光打印头为等同特征。

分析：在这个案例中，虽然专利说明书中提到了多种打印头技术，但最终的权利要求中仅限定了"喷墨打印头"。因此，在后续的侵权诉讼中，专利权人不能主张被控侵权产品中的激光打印头为等同特征，否则会违反捐献原则。

（9）审查意见答复中的修改捐献。

在专利申请过程中，申请人为了解决审查员提出的异议，在审查意见答复中对权利要求进行了修改，明确排除了某些技术特征。在后续的侵权诉讼中，专利权人不能基于这些被排除的技术特征来主张等同侵权。

高效节能灯

专利申请过程：某公司在审查意见答复中，为了解决审查员提出的异议，将权利要求中的"荧光灯"修改为"LED 灯"。

侵权诉讼：在后续的侵权诉讼中，专利权人试图主张被控侵权产品中的荧光灯为等同特征。

> 分析：在这个案例中，该公司在审查意见答复中已经将"荧光灯"修改为"LED 灯"。因此，在后续的侵权诉讼中，专利权人不能主张被控侵权产品中的荧光灯为等同特征，否则会违反捐献原则。

（10）说明书中的功能描述捐献。

在专利申请过程中，申请人在专利说明书中对某些技术特征的功能进行了详细描述，但这些功能并未被纳入最终的权利要求保护范围。在后续的侵权诉讼中，专利权人不能基于这些功能描述来主张等同侵权。

> **示例**
>
> **智能门锁**
>
> 专利申请过程：某专利说明书详细描述了一种"智能门锁"，并在说明书中提到了"生物识别"功能的具体实施方式，但权利要求中只提到"电子锁"而未具体限定为"生物识别"。
>
> 侵权诉讼：在后续的侵权诉讼中，专利权人试图主张被控侵权产品中的密码锁为等同特征。
>
> 分析：在这个案例中，虽然专利说明书中详细描述了"生物识别"功能，但最终的权利要求中仅限定了"电子锁"。因此，在后续的侵权诉讼中，专利权人不能主张被控侵权产品中的密码锁为等同特征，否则会违反捐献原则。

2. 典型案例详解

【案例 4-10】脱毛仪实用新型专利侵权案

原告就主题为"一种脱毛仪"的发明创造向国家知识产权局申请了实用新型专利，并要求了在先的国内优先权。原告随后发现，被告生产的脱毛仪产品落入该实用新型专利的保护范围，向法院提起诉讼。

【案情简介】

涉案专利的优先权中记载了主题为"激光脱毛仪"的技术方案，其在说明书以及权利要求书的相关描述中均记载为"激光脱毛仪"。但原告在提交的专利申请文件中将权利要求1~11的保护主题改为"脱毛仪",在从属权利要求12中限定脱毛仪为激光脱毛仪,以此谋求更大的保护范围,并在说明书中描述:"灯管(701)发出的光可以是彩光、复合光、强光、脉冲光或激光。当灯管(701)发出的光为激光时,脱毛仪(10)为激光脱毛仪。"

在涉案专利的无效审查过程中,国家知识产权局专利局复审和无效审理部认为,该专利的在先申请只记载了主题为"激光脱毛仪"的技术方案,而没有记载主题为"脱毛仪"的技术方案,因此,该专利的权利要求1~11不能享有优先权。权利要求12中进一步限定了脱毛仪为"激光脱毛仪",与在先申请的主题相同,能够享有优先权。

国家知识产权局专利局复审和无效审理部还认定,对于不享有优先权的权利要求1~6和8~9,原告的另一系列专利申请构成了其抵触申请,以不具备新颖性为由宣告其无效。最终,涉案专利只有权利要求7和10被维持有效。

【技术调查焦点】

光源为"IPL强脉冲光"的被控侵权产品是否为激光脱毛仪?

涉案专利中被维持有效的权利要求保护的主题为"激光脱毛仪",而被控侵权产品中所采用的光源为"IPL强脉冲光"。对此,原告陈述,相关光热脱毛产品在中国没有进行明确的技术分类,统称为激光脱毛仪,相关书籍中也认为IPL的光属于激光脱毛的一种光型,并提供了相关证据予以佐证。因此,应当认定被控侵权产品具有特征"激光脱毛仪"。

被告陈述,涉案专利中维持有效的权利要求限定了"激光脱毛仪",说明书记载"当灯管(701)发出的光为激光时,脱毛仪(10)为激光脱毛仪",因此,应当认定涉案专利中的激光脱毛仪是采用激光光源的脱毛仪。

技术调查人员核实,涉案专利的说明书中记载了"灯管(701)发出的光可以是彩光、复合光、强光、脉冲光或激光。当灯管(701)发出的光为激光时,脱毛仪(10)为激光脱毛仪",而涉案专利的权利要求保护的主题为"激光脱毛仪",由此可见,光源为彩光、复合光、强光、脉冲光的方案仅在说明书中进行了描述,而没有纳入权利要求中。

法院审判认定涉案专利仅保护光源为激光的脱毛仪,灯管发出彩光、复合光、强光、脉冲光的技术方案应视为捐献给社会公众,满足捐献原则的相关规定。因此,被告采用 IPL 强脉冲光作为光源的被控侵权产品与原告涉案专利中采用激光作为光源的脱毛仪不构成相同,也不适用等同原则,被控侵权产品不构成侵权。

【典型意义】

该案中,由于申请人对申请文件撰写不当,将优先权文件中的"激光脱毛仪"改变为"脱毛仪",导致涉案专利的部分权利要求优先权不成立。同时,由于专利权人自己的多件系列专利申请日不同,导致在先的申请构成了涉案专利的抵触申请,使得优先权不成立的技术方案被宣告无效。另外,涉案专利的说明书中对光源的具体类型进行了举例,但权利要求仅限定了其中一种类型,致使其他技术方案满足捐献原则,被视为捐献,导致被控侵权产品不侵犯涉案专利的专利权。

3. 审查员有话说

以上案例对申请人在专利申请过程中的启示主要有以下两个方面。

(1) 在说明书中谨慎公开具体实施方式。

根据司法实践,如果要构成"捐献",一项技术方案须是在说明书和附图中有与权利要求中的技术方案具体程度至少相当的清楚描述(或者说特定化的另一种选择),而非概括性的上位描述。因此,如果想要避免"捐献",则在说明书和附图中不对替代的方案进行明确的、具体的、特定化的列举性描述,而改为在说明书中写明列举的权利要求中限定的技术方案的基本原理。换言之,可以采用概括性表述来补强权利要求中限定的技术方案在说明书中的支持问题,同时在维权阶段仍留有主张等同的可能性。①

(2) 构建层次分明的权利要求保护范围。

在撰写独立权利要求时,可采用覆盖所有实施方式的上位方案进行保护范围的确定,然后针对每个实施方式再通过撰写从属权利要求的方式加以限定,或者通过分案申请的方式使每个实施方式都能被覆盖。如果在授权或确

---

① 智慧上专. 莫使金樽空对月:从"捐献原则"看专利申请文件的撰写 [EB/OL]. [2025-06-03]. https://www.sptl.com.cn/newsinfo/7798244.html.

权阶段，覆盖所有实施方式的上位的独立权利要求无法授权或者被宣告无效，则还能保留基于每个实施方式的保护范围，避免某个实施方式所对应的技术方案被捐献。

出现捐献情形的原因可能包括但不限于：专利申请人在撰写申请文本时未作通盘考虑，从而在权利要求书中仅仅限定了说明书中所描述的一部分实施例的技术方案；在撰写申请文本时将说明书中描述的多个实施例进行了上位表述，但专利审查过程中该上位技术方案未被审查员接受，或在申请专利时为更易于获得授权而主动限定较小的保护范围，因而造成放弃某些技术方案的结果。无论是哪种情况，如果专利权人在专利侵权诉讼中再试图利用等同原则将这些被放弃的技术方案纳入专利保护范围，很可能需要承担"捐献"的法律后果。

五、适用现有技术抗辩原则的典型案例

现有技术抗辩，是指被控落入专利权保护范围的全部技术特征，与一项现有技术方案中的相应技术特征相同或等同，或者所属技术领域的普通技术人员认为被控侵权技术方案是一项现有技术与所属领域公知常识的简单组合的，应当认定被控侵权人实施的技术属于现有技术，被控侵权人的行为不构成侵犯专利权。

1. 常见案例类型

无论是通过现有技术文献、公开使用、产品样本、销售记录、公开演示、学术论文、公开报道还是技术研讨会记录来证明被控侵权技术在专利申请日前已经被公开或使用过，只要证据确凿，现有技术抗辩都可以成立。

（1）现有技术文献。

在专利侵权诉讼中，被告通过提供专利文献、期刊论文、会议报告等公开文献来证明被控侵权技术在专利申请日前已经公开。

> 📖 示例

智能手表

专利侵权指控：某公司拥有一项关于智能手表的专利，指控另一家公司生产的智能手表侵犯了其专利权。

现有技术抗辩：被告提供了多项早期的专利文献，显示智能手表的技术在专利申请日前已经被公开过。

分析：在这个案例中，被告提供的专利文献、期刊论文和会议报告等公开文献能够证明相关技术特征在专利申请日前已经公开。法院经过审查，认定这些文献确实公开了相关的技术特征，因此现有技术抗辩成立。

（2）公开使用。

被告通过提供证据证明被控侵权技术在专利申请日前已经在公开场合被使用或展示过。

> 📖 示例

无线充电设备

专利侵权指控：某公司拥有一项关于无线充电设备的专利，指控另一家公司生产的无线充电器侵犯了其专利权。

现有技术抗辩：被告提供了多个展览会的照片和视频，显示其无线充电器在专利申请日前已经在多个展览会上展出过。

分析：在这个案例中，被告提供的展览会照片和视频记录能够证明其无线充电器在专利申请日前已经在公开场合被使用和展示。法院审查后认为，这些证据足以证明该技术在申请日前已经公开，因此现有技术抗辩成立。

（3）产品样本。

被告通过提供产品样本、用户手册、产品目录等材料来证明被控侵权产品在专利申请日前已经被生产和销售。

> 📚 **示例**

高效空气净化器

专利侵权指控：某公司拥有一项关于高效空气净化器的专利，指控另一家公司生产的空气净化器侵犯了其专利权。

现有技术抗辩：被告提供了大量的产品样本和用户手册，显示其空气净化器在专利申请日前已经被生产和销售。

分析：在这个案例中，被告提供的产品样本和用户手册等材料能够证明其空气净化器在专利申请日前已经被生产和销售。法院认定这些证据有效，因此现有技术抗辩成立。

（4）销售记录。

被告通过提供销售合同、发票、发货单等销售记录来证明被控侵权产品在专利申请日前已经被销售。

> 📚 **示例**

智能门锁

专利侵权指控：某公司拥有一项关于智能门锁的专利，指控另一家公司生产的智能门锁侵犯了其专利权。

现有技术抗辩：被告提供了大量的销售合同和发票，显示其智能门锁在专利申请日前已经被销售给多家客户。

分析：在这个案例中，被告提供的销售合同和发票等销售记录能够证明其智能门锁在专利申请日前已经被销售。法院认定这些证据有效，因此现有技术抗辩成立。

（5）公开演示。

被告通过提供公开演示的记录来证明被控侵权技术在专利申请日前已经被公开演示过。

 **示例**

虚拟现实眼镜

专利侵权指控：某公司拥有一项关于虚拟现实眼镜的专利，指控另一家公司生产的虚拟现实眼镜侵犯了其专利权。

现有技术抗辩：被告提供了多个公开演示的视频记录，显示其虚拟现实眼镜在专利申请日前已经在多个场合公开演示过。

分析：在这个案例中，被告提供的公开演示视频记录能够证明其虚拟现实眼镜在专利申请日前已经在公开场合进行过演示。法院认定这些证据有效，因此现有技术抗辩成立。

（6）技术研讨会记录。

被告通过提供技术研讨会的记录来证明被控侵权技术在专利申请日前已经被公开讨论过。

 **示例**

高效太阳能板

专利侵权指控：某公司拥有一项关于高效太阳能板的专利，指控另一家公司生产的太阳能板侵犯了其专利权。

现有技术抗辩：被告提供了多个技术研讨会的会议记录和演讲稿，显示其太阳能板在专利申请日前已经被公开讨论过。

分析：在这个案例中，被告提供的技术研讨会的会议记录和演讲稿能够证明其太阳能板在专利申请日前已经被公开讨论过。法院认定这些证据有效，因此现有技术抗辩成立。

（7）学术论文。

被告通过提供学术论文来证明被控侵权技术在专利申请日前已经被公开发表过。

 示例

生物传感器

专利侵权指控：某公司拥有一项关于生物传感器的专利，指控另一家公司生产的生物传感器侵犯了其专利权。

现有技术抗辩：被告提供了多篇学术论文，显示该生物传感器的核心技术在专利申请日前已经在学术期刊上发表。

分析：在这个案例中，被告提供的学术论文能够证明生物传感器的核心技术在专利申请日前已经在学术期刊上公开发表。法院认定这些证据有效，因此现有技术抗辩成立。

（8）公开报道。

被告通过提供新闻报道、杂志文章或其他媒体公开报道来证明被控侵权技术在专利申请日前已经被公开报道过。

 示例

智能家居系统

专利侵权指控：某公司拥有一项关于智能家居系统的专利，指控另一家公司生产的智能家居系统侵犯了其专利权。

现有技术抗辩：被告提供了多篇新闻报道和杂志文章，显示智能家居系统的相关技术在专利申请日前已经在媒体上被广泛报道。

分析：在这个案例中，被告提供的新闻报道和杂志文章能够证明智能家居系统的相关技术在专利申请日前已经在媒体上被广泛报道。法院认定这些证据有效，因此现有技术抗辩成立。

（9）技术标准文件。

被告通过提供技术标准文件来证明被控侵权技术在专利申请日前已经被纳入行业标准或技术规范中。

> **示例**

数据传输协议

专利侵权指控：某公司拥有一项关于数据传输协议的专利，指控另一家公司使用的数据传输协议侵犯了其专利权。

现有技术抗辩：被告提供了多个技术标准文件，显示该数据传输协议在专利申请日前已经被纳入行业标准中。

分析：在这个案例中，被告提供的技术标准文件能够证明数据传输协议在专利申请日前已经被纳入行业标准中。法院认定这些证据有效，因此现有技术抗辩成立。

（10）内部技术文档。

被告通过提供内部技术文档、研发记录等来证明被控侵权技术在专利申请日前已经在其内部使用或开发。

> **示例**

图像处理算法

专利侵权指控：某公司拥有一项关于图像处理算法的专利，指控另一家公司使用的图像处理算法侵犯了其专利权。

现有技术抗辩：被告提供了内部技术文档和研发记录，显示该图像处理算法在专利申请日前已经在其内部使用并进行了详细记录。

分析：在这个案例中，被告提供的内部技术文档和研发记录能够证明图像处理算法在专利申请日前已经在其内部使用并进行了详细记录。法院认定这些证据有效，因此现有技术抗辩成立。

2. 典型案例详解

【案例4-11】柴油车额定功率部分负荷检测方法发明专利侵权纠纷案
【案情简介】
原告是一家拥有名为"柴油车额定功率部分负荷检测方法"的专利权人。

该专利是一项标准必要专利，被国家标准《道路运输车辆综合性能要求和检验方法》（GB 18565—2016）（已废止）全面覆盖。原告认为被告依据该标准实施的检测柴油车动力性能的方法侵犯了其专利权，并向法院提起诉讼，请求法院判决被告进行赔偿。被告则认为其采用的检测方法属于现有技术，并提供了相关证据进行现有技术抗辩。

期刊文献比较。被告提供了现有技术"营运货车燃料消耗量限值及测量方法分析"，并与国家标准 GB 18565—2016 进行比较，认为该期刊公开了国家标准 GB 18565—2016 中被控侵权的相关技术。

国家标准比较。被告将国家标准《营运车辆综合性能要求和检验方法》（GB 18565—2001）（已废止）与国家标准 GB 18565—2016 进行比较，认为国家标准 GB 18565—2001 公开了国家标准 GB 18565—2016 中被控侵权的相关方法。因此，被告主张其实施的强制性国家标准 GB 18565—2016 系采用了现有技术，不侵犯原告的专利权。

【技术调查焦点】

法院需要审查被告提供的现有技术是否公开了国家标准 GB 18565—2016 实施检测柴油车动力性能的方法。为此，技术调查人员对被告提供的现有技术进行了详细的比对。

技术调查人员首先对期刊文章《营运货车燃料消耗量限值及测量方法分析》进行了仔细研究，并将其与国家标准 GB 18565—2016 进行了单独比对。

汽车类型对比。期刊文章《营运货车燃料消耗量限值及测量方法分析》中的汽车属于国家标准 GB 18565—2016 中压燃式发动机车辆的一种，驱动轮置于底盘测功机滚筒上进行动力性检测，构成相同。

传动系阻力对比。期刊文章《营运货车燃料消耗量限值及测量方法分析》中汽车传动系阻力与国家标准 GB 18565—2016 中传动系允许阻力构成相同。

未公开的特征。期刊文章《营运货车燃料消耗量限值及测量方法分析》中未公开发动机附件消耗功率换算在驱动轮上的阻力。

随后，技术调查人员将国家标准 GB 18565—2001 与国家标准 GB 18565—2016 进行了同样的对比。

汽车类型对比。国家标准 GB 18565—2001 中的汽车属于国家标准 GB 18565—2016 中压燃式发动机车辆的一种，驱动轮置于底盘测功机滚筒上进行动力性检测，构成相同。

传动系阻力对比。国家标准 GB 18565—2001 中汽车传动系阻力与国家标准 GB 18565—2016 中传动系允许阻力构成相同。

未公开的特征。国家标准 GB 18565—2001 中未公开发动机附件消耗功率换算在驱动轮上的阻力。

经过详细的审查和技术调查，法院认为被告提供的现有技术均未完全公开国家标准 GB 18565—2016 中被控侵权的相关方法。具体来说，尽管国家标准 GB 18565—2001 和期刊文章《营运货车燃料消耗量限值及测量方法分析》在某些技术特征上与国家标准 GB 18565—2016 相同，但它们并未公开发动机附件消耗功率换算在驱动轮上的阻力这一关键技术特征。因此，被告的现有技术抗辩不能成立。

最终，法院判决被告的现有技术抗辩不成立，并认定被告实施的检测方法仍构成对原告专利权的侵犯，需承担相应的法律责任。

【典型意义】

现有技术抗辩制度的核心内涵是在不触及涉案专利效力的前提下，通过被控侵权技术方提出的抗辩，免除其侵权责任。这项制度作为专利侵权诉讼中被控侵权技术方一项非常重要的诉讼防卫手段，对保障当事人的权利具有非常重要的作用。

3. 审查员有话说

通过以上典型案例详解，我们可以看到现有技术抗辩在专利侵权诉讼中的重要作用。被告在该案中虽然提出了现有技术抗辩，但由于未能完全公开被控侵权的技术特征，最终抗辩未能成立。这提醒创新主体在进行技术创新和产品开发时，应充分考虑现有技术，并确保其技术方案的独特性和创新性，以避免侵权风险。

现有技术抗辩规则在我国司法实践中已经被广泛运用。该规则在平衡原被告双方诉讼权利方面发挥了巨大作用，在专利诉讼中设置现有技术抗辩规则具有非常积极的意义。现有技术抗辩保护了公众利益，防止专利权人滥用专利权，从而维护了市场的公平竞争秩序。现有技术抗辩减轻了被控侵权方的诉讼负担，减少了不必要的法律纠纷，节约了司法资源。

六、适用先用权抗辩原则的典型案例

《专利法》第七十五条中规定,在专利申请日前已经制造相同产品、使用相同方法或者已经作好制造、使用的必要准备,并且仅在原有范围内继续制造、使用的,不视为侵犯专利权。也就是说,诉讼中被告对原告的侵权指控提出自己的行为符合这项先用权抗辩、证据充分且获得法院支持,则可以免除侵权责任并在判定的原有范围内继续无偿实施专利技术。

1. 常见案例类型

先用权抗辩原则是指在专利申请日前,已经合法使用相同技术的个人或创新主体可以在原有范围内继续使用该技术而不构成侵权。

(1) 早期使用案例。

在涉案专利申请日前,被告已经合法使用了与该专利技术相同或相似的技术,并在原有范围内继续使用。这种情况下,被告可以提出先用权抗辩。

 示例

新型空气净化器

专利侵权指控:某公司拥有一项关于新型空气净化器的专利,指控另一家公司生产的空气净化器侵犯了其专利权。

先用权抗辩:被告提供了大量证据,证明其在涉案专利申请日前已经合法生产并销售了类似的空气净化器。

分析:在这个案例中,被告提供的证据能够证明其在专利申请日前已经开始合法使用类似的技术,并且一直在原有范围内继续使用。法院认定被告享有先用权,因此其继续进行生产和销售不构成侵权。

(2) 连续使用案例。

被告在涉案专利申请日前已经开始合法使用该项技术,并在专利申请日后持续使用。这种情况下,被告可以提出先用权抗辩。

 示例

高效节能灯泡

专利侵权指控：某公司拥有一项关于高效节能灯泡的专利，指控另一家公司生产的节能灯泡侵犯了其专利权。

先用权抗辩：被告提供了多年的生产记录和销售合同，证明其在涉案专利申请日前就开始生产和销售类似的产品，并且一直持续至今。

分析：在这个案例中，被告提供的生产记录和销售合同能够证明其在专利申请日前已经开始合法使用类似的技术，并且在专利申请日后持续使用。法院认定被告享有先用权，因此其继续进行生产和销售不构成侵权。

（3）扩大生产案例。

被告在涉案专利申请日前已经开始合法使用该项技术，并在专利申请日后因市场需求扩大了生产规模。这种情况下，被告可以提出先用权抗辩，但仅限于原有范围内的使用。

 示例

新型洗衣机

专利侵权指控：某公司拥有一项关于新型洗衣机的专利，指控另一家公司生产的洗衣机侵犯了其专利权。

先用权抗辩：被告提供了生产记录和市场销售数据，证明其在涉案专利申请日前已经开始生产和销售类似产品，并且随着市场需求的增长逐步扩大了生产规模。

分析：在这个案例中，被告提供的生产记录和市场销售数据能够证明其在专利申请日前已经开始合法使用类似的技术，并且在专利申请日后因市场需求扩大了生产规模。法院认定被告享有先用权，但只能在原有范围内继续生产，不得进一步扩大生产规模。

（4）技术改进案例。

被告在涉案专利申请日前已经开始合法使用该项技术，并在专利申请日

后对该技术进行了改进。这种情况下，被告可以提出先用权抗辩，但改进部分不在先用权保护范围内。

高效电池管理系统

专利侵权指控：某公司拥有一项关于高效电池管理系统的专利，指控另一家公司生产的电池管理系统侵犯了其专利权。

先用权抗辩：被告提供了研发记录和涉案专利申请日前的技术文件，证明其在涉案专利申请日前已经开始使用类似的技术，并且在申请日后对其进行了改进。

分析：在这个案例中，被告提供的研发记录和技术文件能够证明其在专利申请日前已经开始合法使用类似的技术，并且在专利申请日后进行了改进。法院认定被告享有先用权，但改进部分不在先用权保护范围内。

(5) 授权许可案例。

被告在涉案专利申请日前已经获得了第三方的授权许可，合法使用该项技术，并在专利申请日后继续使用。这种情况下，被告可以提出先用权抗辩。

智能门锁

专利侵权指控：某公司拥有一项关于智能门锁的专利，指控另一家公司生产的智能门锁侵犯了其专利权。

先用权抗辩：被告提供了与第三方签订的授权许可协议，证明其在专利申请日前已经获得了第三方的授权许可，并且一直在合法使用该技术。

分析：在这个案例中，被告提供的授权许可协议能够证明其在专利申请日前已经获得了第三方的授权许可，并且在专利申请日后继续使用。法院认定被告享有先用权，因此其继续使用不构成侵权。

（6）公开使用案例。

被告在涉案专利申请日前已经在公开场合合法使用该项技术，并在专利申请日后继续使用。这种情况下，被告可以提出先用权抗辩。

 示 例

新型电动汽车充电桩

专利侵权指控：某公司拥有一项关于新型电动汽车充电桩的专利，指控另一家公司生产的充电桩侵犯了其专利权。

先用权抗辩：被告提供了展览会照片和视频记录，证明其在涉案专利申请日前已经在多个展览会中公开展示并使用了类似的技术。

分析：在这个案例中，被告提供的展览会照片和视频记录能够证明其在专利申请日前已经在公开场合合法使用类似的技术，并且在专利申请日后继续使用。法院认定被告享有先用权，因此其继续使用不构成侵权。

（7）技术转让案例。

被告在涉案专利申请日前已经通过技术转让协议合法使用该项技术，并在专利申请日后继续使用。这种情况下，被告可以提出先用权抗辩。

 示 例

高效空气净化器

专利侵权指控：某公司拥有一项关于高效空气净化器的专利，指控另一家公司生产的空气净化器侵犯了其专利权。

先用权抗辩：被告提供了与第三方的技术转让协议，证明其在涉案专利申请日前已经通过技术转让协议合法使用了类似的技术，并且一直持续至今。

分析：在这个案例中，被告提供的技术转让协议能够证明其在专利申请日前已经通过技术转让协议合法使用类似的技术，并且在专利申请日后继续使用。法院认定被告享有先用权，因此其继续使用不构成侵权。

(8) 内部研发案例。

被告在涉案专利申请日前已经开始在内部研发该项技术，并在专利申请日后继续使用。这种情况下，被告可以提出先用权抗辩。

📖 示 例

新型高效电机

专利侵权指控：某公司拥有一项关于新型高效电机的专利，指控另一家公司生产的电机侵犯了其专利权。

先用权抗辩：被告提供了研发记录和实验报告，证明其在涉案专利申请日前已经开始在内部研发类似的技术，并且在申请日后继续使用。

分析：在这个案例中，被告提供的研发记录和实验报告能够证明其在专利申请日前已经开始在内部研发类似的技术，并且在专利申请日后继续使用。法院认定被告享有先用权，因此其继续使用不构成侵权。

(9) 商业秘密案例。

被告在涉案专利申请日前已经通过商业秘密的方式合法使用该项技术，并在专利申请日后继续使用。这种情况下，被告可以提出先用权抗辩。

📖 示 例

特殊配方涂料

专利侵权指控：某公司拥有一项关于特殊配方涂料的专利，指控另一家公司生产的涂料侵犯了其专利权。

先用权抗辩：被告提供了保密协议和内部文档，证明其在涉案专利申请日前已经通过商业秘密的方式合法使用了类似的涂料配方，并且在专利申请日后继续使用。

分析：在这个案例中，被告提供的保密协议和内部文档能够证明其在专利申请日前已经通过商业秘密的方式合法使用类似的技术，并且在专利申请日后继续使用。法院认定被告享有先用权，因此其继续使用不构成侵权。

（10）技术合作案例。

被告在涉案专利申请日前已经与其他公司或研究机构进行了技术合作，在合作过程中合法使用了该项技术，并且在专利申请日后继续使用。这种情况下，被告可以提出先用权抗辩。

示例

智能医疗设备

专利侵权指控：某公司拥有一项关于智能医疗设备的专利，指控另一家公司生产的医疗设备侵犯了其专利权。

先用权抗辩：被告提供了与某大学的研究合作协议和技术开发记录，证明其在涉案专利申请日前已经与该大学合作开发了类似的智能医疗设备，并且在专利申请日后继续使用。

分析：在这个案例中，被告提供的合作协议和技术开发记录能够证明其在专利申请日前已经与其他机构合作开发了类似的技术，并且在专利申请日后继续使用。法院认定被告享有先用权，因此其继续使用不构成侵权。

---

2. 典型案例详解

【案例 4-12】一种复方血栓通中药制剂及其制备方法专利侵权纠纷案

【案情简介】

原告是主题名称为"一种复方血栓通中药制剂及其制备方法"的专利权人。原告向法院提起诉讼，认为被告侵犯了原告的专利权，请求法院判决被告停止侵权并赔偿损失。

涉案专利节选如下。

权利要求 1：一种复方中药制剂，其特征在于由下列原料制得的活性成分组成或由下列原料制得的活性成分加药学上可接受的附加剂组成：三七 200~1000g，黄芪 50~400g，丹参 40~250g；玄参 60~400g，三七药渣粉 100~800g；其中的三七药渣粉是将三七粉碎，加 50~90 V/V% 乙醇浸渍，或超声提取，或加热回流，或渗漉二次，第一次 3~6 天，第二次 1~3 天，滤过，合并滤液，回收乙醇并浓缩至相对密度为 1.05～1.30，药渣烘干，粉碎成细粉，过筛即得三七药渣粉。

权利要求 7：一种复方血栓通中药制剂的制备方法，其特征在于：所述中药制剂由下列原料制得的活性成分加药学上可接受的附加剂组成：三七 200～1000g，黄芪 50～400g，丹参 40～250g；玄参 60～400g，三七药渣粉 100～800g；其中将三七粉碎，加 50～90V/V% 乙醇浸渍，或超声提取，或加热回流，或渗漉二次，第一次 3～6 天，第二次 1～3 天，滤过，合并滤液，回收乙醇并浓缩至相对密度为 1.05～1.30，药渣烘干，粉碎成细粉，过筛即得三七药渣粉；其余黄芪等三味，加 50～90V/V% 乙醇加热回流提取二次，第一次 2～5 小时，第二次 1～3 小时，滤过，合并滤液，回收乙醇并浓缩至相对密度为 1.05～1.30，与上述浓缩液、三七药渣粉及药学上可接受的附加剂适量混匀，干燥，制成胶囊剂或片剂。

被控侵权的技术方案如下。

复方血栓通片

处方：三七 250g，黄芪 80g，丹参 80g，玄参 80g。

制法：以上四味，三七粉碎成最粗粉，以 5 倍量 50% 的乙醇浸渍两次，第一次 5 天，第二次 2 天，滤过，合并滤液，减压回收乙醇（60～70℃，-0.08MPa），并继续减压浓缩成相对密度为 1.32～1.35（60℃）的稠膏，药渣烘干，粉碎成细粉，过 100 目筛，备用；其余黄芪等三味粉碎成 5～20 目粗颗粒，分别以 5 倍量 50% 乙醇加热回流两次，第一次 3 小时，第二次 2 小时，滤过，合并滤液，减压回收乙醇（60～70℃，-0.08MPa），浓缩至相对密度为 1.10～1.12（60℃）的清膏，喷雾干燥，喷干粉与上述稠膏、三七细粉混合，减压干燥，所得干膏粉碎，加入羧甲淀粉钠 15g，微晶纤维素 45g，以 80% 乙醇浸润，过 16 目筛制颗粒，干燥，整粒，加硬脂酸镁 1g，再加淀粉适量补足重量至 380g，压片，包衣，共制成 1000 片，包薄膜衣，即得。

被控侵权技术方案与涉案专利技术方案存在以下两个区别技术特征，分别是：①被控侵权技术方案的技术特征"三七粉碎成最粗粉……并继续减压浓缩成相对密度为 1.32～1.35（60℃）的稠膏"与涉案专利权利要求 1 和 7 记载的相应技术特征"三七药渣粉是将三七粉碎……并浓缩至相对密度为 1.05～1.30"不相同。②被控侵权技术方案将其余黄芪等三味药提取后的清膏喷雾干燥，与三七稠膏、三七细粉混合，减压干燥，所得干膏粉碎，然后加入附加剂，压片，包衣；涉案专利的权利要求7将黄芪等三味药的合并滤液，与三七浓缩液、三七药渣粉及药学上可接受的附加剂适量混匀，干燥，制成胶囊剂或片剂，两者技术特征的混合干燥顺序不相同。

【技术调查焦点】

双方争议的焦点主要表现在：①被控侵权产品是否落入涉案专利的保护范围，其判定主要在于等同技术特征的认定；②被控侵权产品技术方案是否属于现有技术；③乙公司是否享有先用权。

技术调查人员经核实后，提出两点意见。

意见1：被控侵权产品不落入涉案专利的保护范围。

涉案专利的权利要求1和7均限定三七提取液浓缩密度为1.05~1.30，被控侵权产品中三七提取液的浓缩密度为1.32~1.35（60℃），两者的技术特征不相同。

权利要求中数值范围是具有限定作用的，三七浓缩所得稠膏的密度影响三七药效成分的浓度，本领域公知，药物有效成分的浓度对于药效的发挥至关重要。专利权利要求中的数值范围是专利申请人经过技术探索且概括选择之后所确定的范围，如果通过等同特征的方式将其他未经记载的数值范围纳入专利权的保护范围，显然对于社会公众是不公平的，且不利于他人在专利公示的数值临界点之外继续进行技术探索。因此，对于专利所要求保护的技术方案中数值范围的技术特征，其适用等同的范围应当受到严格限制。

意见2：被控侵权产品技术方案不属于现有技术。

《专利审查指南》第三章第2.1节"现有技术"中规定："现有技术应当是在申请日以前公众能够得知的技术内容。换句话说，现有技术应当在申请日以前处于能够为公众获得的状态，并包含有能够使公众从中得知实质性技术知识的内容。"第2.1节"出版物公开"中规定："专利法意义上的出版物是指记载有技术或设计内容的独立存在的传播载体，并且应当表明或者有其他证据证明其公开发表或出版的时间。符合上述含义的出版物可以是纸质出版物、视听资料，也可以是存在于互联网或者其他在线数据库中的资料等。"被告认为其证据15［光盘IBSN7-900080-96-（1）］中已公开的"复方血栓通胶囊：药品标准编号WS-211(Z-030)-96"（被告证据10）构成现有技术。

然而，该光盘无法从市场上购买获得，被告提交自存的涉案光盘作为证据。从证据载体的形式看，被告证据10属于电子数据，没有直接证据表明被告证据10的内容在涉案光盘（被告证据15）完成制作时就已经存在于光盘中。基于此，被告证据15和证据10尚不能被判定为现有技术，故而被控侵权产品技术方案不属于现有技术。

根据被告提供的证据材料可知，其在申请日前已经获得药品GMP证书、复方血栓通片药品注册批件等，并依据获批的质量标准开始复方血栓通片的生产和销售。可见，被告在涉案专利的申请日前已经完成了生产复方血栓通片的准备，并已实际制造和销售该产品。根据被告提交的药品GMP认证申请材料，结合《江苏省高级人民法院侵犯专利权纠纷案件审理指南》所规定的"利用已有的生产设备可以达到的生产规模应当是指利用现有的生产设备可以达到的极限生产规模"，被控侵权产品的年生产量并未超出原有范围，证明被告在涉案专利申请日之后仅在原有的生产规模内继续制造、销售被控侵权产品。因此，被告享有被控侵权产品的先用权。

【典型意义】

专利先用权是为了平衡先用权人、专利权人、公共利益三者之间的利益关系而产生的重要制度，先用权是限制专利权行使的一种例外情况。先用权能够弥补申请在先原则与专利权垄断相结合可能造成的不公平现象，保护先用权人已经作出的商业投资与已经形成的社会经济关系。先用权的确立既是对既有事实与既得利益的承认，亦是对在先权益的尊重。

3. 审查员有话说

在适用专利先用权时应明确适用的条件。

"技术来源"对象。能够享受专利先用权的技术来源包括两种情形：第一，先使用人独立作出的发明创造；第二，先使用人从专利权人以外的第三人或者专利权人处获知发明创造。

"必要准备"标准。一般认为"必要准备"包括技术准备和物质准备。在专利先用权中，对于独立作出发明创造的先使用人来说，技术准备在认定"必要准备"中的地位是不可忽视的。先使用人一般是作好了技术准备才寻求实施发明创造。一般来说，先使用人从他人处获知发明创造的技术方案之后会着手实施。无论是制造、购买原材料还是生产设备，先使用人均为此付出了财力，可谓是物质准备的过程。

"原有范围"判定。 纵观各国的专利先用权制度，大多数国家采取质化标准界定"原有范围"，少数国家采取量化标准。我国专利先用权中关于"原有范围"采取的是量化的适用标准。我国司法机关在司法实践中通常选择以生产规模来限制先使用人的权利。

七、适用无效抗辩原则的典型案例

专利无效抗辩是指法院在审理专利侵权诉讼中，允许被告就原告的涉案专利权提出其无效的请求，以对抗原告的诉讼请求，使法院不予支持。可见，从法律性质来看，专利无效抗辩属于抗辩权，是被告对抗原告请求权的权利。从实务层面考察，将专利无效抗辩引入专利侵权诉讼，可以赋予法院审查原告涉案专利权的有效性，不仅能降低当事人的诉讼风险，还能简化专利侵权诉讼程序，节约司法资源，从而实现实质正义。从法理层面考察，专利行政机关授予申请人专利权是行政确权行为，具有公定力，不应一概否认具体行政行为的效力。因此，将专利无效抗辩引入专利侵权诉讼，虽可以简化诉讼程序，但也应限定无效抗辩理由，以充分尊重专利行政机关的专利确权行政行为。

1. 常见案例类型

在专利侵权诉讼中，被告可以通过提出专利无效的理由来抗辩侵权指控。如果专利被认定为无效，则该专利权不存在，也就不存在侵权问题。

（1）公开文献抗辩。

被告在专利侵权诉讼中提出专利无效的理由之一是涉案专利涉及的技术在专利申请日前已经被公开文献所披露。

示例

智能手表

专利侵权指控：某公司拥有一项关于智能手表的专利，指控另一家公司生产的智能手表侵犯了其专利权。

无效抗辩：被告提供了多项早期的专利文献、期刊论文和会议报告，证明其智能手表的相关技术在涉案专利申请日前已经被公开过。

分析：在这个案例中，被告提供的文献能够证明相关技术特征在专利申请日前已经通过公开文献被披露。法院经过审查，认定这些文献确实公开了相关的技术特征，因此涉案专利无效，被告的抗辩成立。

（2）缺乏创新性抗辩。

被告在专利侵权诉讼中提出专利无效的理由之一是涉案专利的技术方案是由现有技术的简单组合，缺乏创新性。

> 示例

新型空气净化器

专利侵权指控：某公司拥有一项关于新型空气净化器的专利，指控另一家公司生产的空气净化器侵犯了其专利权。

无效抗辩：被告提供了多份文献，证明原告空气净化器的技术方案是现有技术的简单组合，并不具备创新性。

分析：在这个案例中，被告提供的文献能够证明原告空气净化器的技术方案是现有技术的简单组合，不具有创新性。法院经过审查，认定被告提供的证据有效，因此涉案专利无效，被告的抗辩成立。

（3）公开使用抗辩。

被告在专利侵权诉讼中提出专利无效的理由之一是涉案专利涉及的技术在专利申请日前已经在公开场合被使用过。

> 示例

无线充电设备

专利侵权指控：某公司拥有一项关于无线充电设备的专利，指控另一家公司生产的无线充电器侵犯了其专利权。

无效抗辩：被告提供了多个展览会的照片和视频，显示其无线充电器在涉案专利申请日前已经在多个展览会上展出过。

分析：在这个案例中，被告提供的照片和视频记录能够证明其无线充电器在专利申请日前已经在公开场合被使用过。法院经过审查，认定这些证据足以证明被告的技术在涉案专利申请日前已经公开，因此涉案专利无效，被告的抗辩成立。

（4）公开披露抗辩。

被告在专利侵权诉讼中提出专利无效的理由之一是涉案专利涉及的技术在专利申请日前已经被公开披露过，如通过学术论文、新闻报道等方式。

智能门锁

专利侵权指控：某公司拥有一项关于智能门锁的专利，指控另一家公司生产的智能门锁侵犯了其专利权。

无效抗辩：被告提供了多篇学术论文和新闻报道，显示其智能门锁技术在涉案专利申请日前已经被公开发表过。

分析：在这个案例中，被告提供的学术论文和新闻报道能够证明其智能门锁技术在专利申请日前已经被公开披露。法院经过审查，认定这些证据有效，因此涉案专利无效，被告的抗辩成立。

（5）销售记录抗辩。

被告在专利侵权诉讼中提出专利无效的理由之一是涉案专利涉及的技术在专利申请日前已经被生产和销售。

高效空气净化器

专利侵权指控：某公司拥有一项关于高效空气净化器的专利，指控另一家公司生产的空气净化器侵犯了其专利权。

无效抗辩：被告提供了大量销售合同和发票，显示其空气净化器在涉案专利申请日前已经被生产和销售。

分析：在这个案例中，被告提供的销售合同和发票能够证明其空气净化器在专利申请日前已经被生产和销售。法院经过审查，认定这些证据有效，因此涉案专利无效，被告的抗辩成立。

(6) 技术研讨会抗辩。

被告在专利侵权诉讼中提出专利无效的理由之一是涉案专利涉及的技术在专利申请日前已经在技术研讨会上被公开讨论过。

示例

高效太阳能板

专利侵权指控：某公司拥有一项关于高效太阳能板的专利，指控另一家公司生产的太阳能板侵犯了其专利权。

无效抗辩：被告提供了多个技术研讨会的会议记录和演讲稿，显示其太阳能板在涉案专利申请日前已经被公开讨论过。

分析：在这个案例中，被告提供的技术研讨会的会议记录和演讲稿能够证明其太阳能板技术在专利申请日前已经被公开讨论。法院经过审查，认定这些证据有效，因此涉案专利无效，被告的抗辩成立。

(7) 行业标准抗辩。

被告在专利侵权诉讼中提出专利无效的理由之一是涉案专利涉及的技术在专利申请日前已经被纳入行业标准或国家标准。

示例

新型电池管理系统

专利侵权指控：某公司拥有一项关于新型电池管理系统的专利，指控另一家公司生产的电池管理系统侵犯了其专利权。

无效抗辩：被告提供了相关行业的技术标准文件，证明该技术在涉案专利申请日前已经被纳入行业标准。

分析：在这个案例中，被告提供的技术标准文件能够证明该电池管理系统技术在专利申请日前已经被纳入行业标准。法院经过审查，认定这些证据有效，因此涉案专利无效，被告的抗辩成立。

（8）专利申请缺陷抗辩。

被告在专利侵权诉讼中提出专利无效的理由之一是涉案专利在申请过程中存在重大缺陷，如未充分公开技术方案、权利要求不清楚等。

示例

智能温控系统

专利侵权指控：某公司拥有一项关于智能温控系统的专利，指控另一家公司生产的温控系统侵犯了其专利权。

无效抗辩：被告提供了专利申请过程中的审查意见书和答辩材料，证明涉案专利在申请过程中存在重大缺陷，如权利要求不清楚、技术方案未充分公开等。

分析：在这个案例中，被告提供的审查意见书和答辩材料能够证明涉案专利在申请过程中存在重大缺陷。法院经过审查，认定这些证据有效，因此涉案专利无效，被告的抗辩成立。

（9）说明书公开不足抗辩。

被告在专利侵权诉讼中提出专利无效的理由之一是涉案专利说明书未充分公开技术方案，使得本领域技术人员无法实施该发明。

> 📖 示例

高效节能灯泡

专利侵权指控：某公司拥有一项关于高效节能灯泡的专利，指控另一家公司生产的节能灯泡侵犯了其专利权。

无效抗辩：被告提供了多位专家的意见，证明涉案专利说明书未充分公开关键技术细节，使得本领域技术人员无法根据说明书内容实施该发明。

分析：在这个案例中，被告提供的专家意见能够证明涉案专利说明书未充分公开关键技术细节。法院经过审查，认定这些证据有效，因此涉案专利无效，被告的抗辩成立。

（10）权利要求模糊抗辩。

被告在专利侵权诉讼中提出专利无效的理由之一是涉案专利的权利要求保护范围模糊不清，导致本领域技术人员无法确定其确切的保护范围。

> 📖 示例

智能家居系统

专利侵权指控：某公司拥有一项关于智能家居系统的专利，指控另一家公司生产的智能家居系统侵犯了其专利权。

无效抗辩：被告提供了多位专家的意见和相关文献，证明涉案专利的权利要求保护范围模糊不清，无法明确界定其保护范围。

分析：在这个案例中，被告提供的专家意见和文献能够证明涉案专利的权利要求保护范围模糊不清。法院经过审查，认定这些证据有效，因此涉案专利无效，被告的抗辩成立。

2. 典型案例详解

【案例 4-13】用于输入装置的电子仪器承托架专利侵权纠纷案

【案情简介】

原告于 2001 年 6 月 5 日就"用于输入装置的电子仪器承托架"向国家知

识产权局申请发明专利,专利公开日为2003年2月14日,授权日为2004年1月9日,专利权届满终止日为2021年6月4日。原告发现被告在售和生产的产品落入涉案专利权的保护范围,于2021年6月4日向法院提起诉讼,请求赔偿经济损失、停止侵权、销毁库存侵权产品等。

【技术调查焦点】

一审法院认为:原告在该案中请求保护涉案专利的权利要求1、2、3。该案被控侵权技术方案落入涉案专利的权利要求1、2、3的保护范围,被告的现有技术抗辩与合法来源抗辩均不成立。被告未经专利权人许可,以生产经营为目的,制造、许诺销售、销售被控侵权产品,构成对涉案专利权的侵害。2022年6月30日法院作出判决:被告赔偿经济损失8万元及维权合理开支16180元。

被告不服,向最高人民法院提起上诉,认为被控侵权产品的技术方案未落入涉案专利权保护范围;被控侵权产品采用的是现有技术的技术方案;其并非被控侵权产品的制造者。

最高人民法院审理查明,该案一审法院判决作出后,国家知识产权局于2022年11月21日作出无效宣告请求审查决定书,宣告涉案专利权利要求1~3、7、9无效,在其授权公告文本中的权利要求4~6、8、10~16的基础上继续维持涉案专利权有效。原告主张专利权的权利要求1、2、3均已被国家知识产权局宣告无效,法院可以在专利侵权诉讼中裁定驳回原告的起诉。如果有证据证明宣告该有关权利要求无效的决定被生效的行政判决撤销的,原告可以另行提起侵权诉讼。

【典型意义】

专利无效抗辩是专利侵权诉讼中的重要辩护手段之一,对于保护被告方的合法权益、维护市场公平竞争、推动科技创新和发展具有重要作用。依据我国现行的专利制度,专利无效案件由行政机关负责,专利侵权案件由司法机关负责,法院无权认定专利无效,被告只能向专利行政部门请求专利无效宣告。因此,有关专利侵权纠纷的部分由法院依民事诉讼程序审理,专利有效性的部分由专利行政部门依职权认定,这是专利侵权判定和专利权效力判定的"双轨制"。

3. 审查员有话说

无效宣告请求范围以及理由和证据如下。

（1）无效宣告请求书中应当明确无效宣告请求范围，未明确的，复审和无效审理部通知请求人在指定期限内补正；期满未补正的，无效宣告请求视为未提出。

（2）无效宣告理由仅限于《专利法实施细则》第六十九条第二款规定的理由，并且应当以专利法及其实施细则中有关的条款作为独立的理由提出。无效宣告理由不属于《专利法实施细则》第六十九条第二款规定的理由的，不予受理。

（3）在复审和无效审理部就一项专利权已作出无效宣告请求审查决定后，又以同样的理由和证据提出无效宣告请求的，不予受理，但所述理由或者证据因时限等原因未被所述决定考虑的情形除外。

（4）以授予专利权的外观设计与他人在申请日以前已经取得的合法权利相冲突为理由请求宣告外观设计专利权无效，但是未提交证明权利冲突的证据的，不予受理。

（5）请求人应当具体说明无效宣告理由，提交证据的，应当结合提交的所有证据具体说明。对于发明或者实用新型专利需要进行技术方案对比的，应当具体描述涉案专利和对比文件中相关的技术方案，并进行比较分析；对于外观设计专利需要进行对比的，应当具体描述涉案专利和对比文件中相关的图片或者照片表示的产品外观设计，并进行比较分析。例如，请求人针对《专利法》第二十二条第三款的无效宣告理由提交多篇对比文件的，应当指明与请求宣告无效的专利最接近的对比文件，以及单独对比还是结合对比的对比方式，具体描述涉案专利和对比文件的技术方案，并进行比较分析。如果是结合对比，存在两种或者两种以上结合方式的，应当首先将最主要的结合方式进行比较分析。未明确最主要结合方式的，则默认第一组对比文件的结合方式为最主要结合方式。对于不同的独立权利要求，可以分别指明最接近的对比文件。

第二节 外观设计专利侵权判定典型案例

一、常见的侵权判定类型

外观设计专利侵权判定的重要内容为判断被控侵权产品外观与涉案外观设计专利是否相同或近似。需要以一般消费者的角度,对涉案专利与被控侵权产品的设计内容进行直接观察、单独对比,通过整体观察、综合判断的对比方法,确定产品外观设计的整体设计效果。外观设计相同是指涉案专利与被控侵权产品的相关设计的区别仅属于常用材料的替换,或者仅存在产品的功能、内部结构、技术性能或者尺寸的不同,未导致产品外观设计的变化。外观设计近似是指被控侵权产品的相关设计内容的设计要素与涉案专利要求保护的设计要素的区别对产品外观设计的整体视觉效果不具有显著影响。其中,外观设计近似属于实践判断的难点,在此,对外观设计近似的常见情况进行介绍。

1. 局部细微差异不影响整体视觉效果

在这种类型的案例中,被控侵权产品与授权外观设计专利在整体上非常相似,仅存在一些细微的局部差异。这些差异通常不会对产品的整体视觉效果产生显著影响,因此构成外观设计近似,从而认定为侵权。

 示例

扑克盒

授权外观设计:涉案外观设计专利涉及一种扑克盒,由盒盖和盒体

两部分扣合而成，基本形状为近似长方体，盒体的顶面周边凸起一圈凸棱，盒体的侧面分为上侧内敛和下侧外扩的两部分，两个窄侧面中部各有一个矩形。盒盖是透明的，盒盖顶部的一侧有矩形图案。

被控侵权产品：被控侵权的扑克盒也由盒盖和盒体两部分扣合而成，基本形状为近似长方体，盒体的顶面周边凸起一圈凸棱，盒体的侧面分为上侧内敛和下侧外扩的两部分，两个窄侧面中部各有一个矩形。但盒盖外观不透明，盒盖顶部也没有矩形图案；此外，侧棱与涉案专利略有区别。

分析：尽管被控侵权产品与授权外观设计专利在盒盖透明度、顶部矩形图案以及侧棱方面存在一些差异，但这些差异在整体视觉效果中的占比较小，一般消费者以一般注意力不易察觉到这些局部的细微变换。通过整体观察，二者之间的区别并不能使得一般消费者产生不同的感受，只能产生相近似的外观设计，因此构成侵权。

2. 产品易见部位影响整体视觉效果

在外观设计相同或近似的对比判断中，应当更关注正常使用时易见部位的设计变化。该部位的设计变化相对于不易见或者不可见部位的设计变化，通常对整体效果更具有影响。在侵权判定的对比中，也应首先关注产品易见部位。

示 例

水壶

授权外观设计：涉案外观设计专利涉及一种水壶，具有流线型的主体设计，手柄位于水壶的一侧，顶部有一个可旋转的盖子。水壶的颜色为亮银色，表面光滑。

被控侵权产品：被控侵权的水壶同样具有流线型的主体设计，手柄位于水壶的一侧，顶部也有一个可旋转的盖子。然而，被控侵权产品的

颜色为深蓝色，表面有磨砂质感，并且在手柄处增加了一个防滑条纹设计。

分析：虽然被控侵权产品与授权外观设计专利在主体形状和功能部件布局上有相似之处，但在颜色、表面质感以及手柄设计等方面存在明显区别。这些区别对产品的整体视觉效果产生了显著影响，特别是颜色的变化（亮银色变为深蓝色）和表面质感的变化（光滑变为磨砂）在使用时容易被消费者注意到。此外，手柄处的防滑条纹设计也是一个显著的区别。因此，这些区别足以使一般消费者产生不同的感受，不构成外观设计近似，不构成侵权。

3. 创新设计影响整体视觉效果

在这种类型的案例中，被控侵权产品与授权外观设计专利在某些设计要素上采用了惯常设计，而在其他设计要素上进行了创新。根据《专利审查指南》的规定，当产品某些设计被证明是惯常设计时，其余设计的变化通常对整体视觉效果更具有显著的影响。

手机壳

授权外观设计：涉案外观设计专利涉及一种手机壳，具有常规的长方形形状，背面采用透明材质，四周有一圈橡胶边框，橡胶边框上有一些凹槽设计用于防滑。

被控侵权产品：被控侵权的手机壳同样具有常规的长方形形状，背面也采用透明材质，四周有一圈橡胶边框。然而，橡胶边框上的凹槽设计被替换为凸起的防滑点，并且在手机壳背面增加了一个独特的图案设计。

分析：在这个案例中，被控侵权产品与授权外观设计专利在手机壳的基本形状和材料选择上采用了惯常设计（长方形形状和透明背板）。

然而，被控侵权产品在橡胶边框的防滑设计和背面图案上进行了创新。根据《专利审查指南》的规定，当某些设计被证明是惯常设计时，其余设计的变化通常对整体视觉效果更具有显著的影响。在这个案例中，橡胶边框上的防滑点和背面的独特图案设计对整体视觉效果产生了显著影响，因此不构成外观设计近似，不构成侵权。

4. 功能性设计对整体视觉效果具有较小的影响

在这种类型的案例中，被控侵权产品与授权外观设计在功能性设计和装饰性设计上存在一定的差异。技术人员需要区分哪些设计要素是功能性设计，哪些是装饰性设计，并重点考虑装饰性设计对整体视觉效果的影响。

 示 例

咖啡机

授权外观设计：涉案外观设计专利涉及一种咖啡机，具有简洁的线条和流畅的曲线设计，外壳为白色，操作面板位于机器的前部，有一个圆形显示屏和几个按钮。咖啡机的出水口设计为倾斜角度，方便接取咖啡。

被控侵权产品：被控侵权的咖啡机同样具有简洁的线条和流畅的曲线设计，外壳也为白色，操作面板位于机器的前部，有一个圆形显示屏和几个按钮。然而，被控侵权产品的出水口设计为垂直角度，而非倾斜角度。

分析：在这个案例中，被控侵权产品与授权外观设计专利在外观设计的大部分要素上非常相似，包括线条、曲线、外壳颜色和操作面板设计。唯一的区别在于出水口的角度设计。根据《专利审查指南》的规定，由产品的功能唯一限定的特定形状对整体视觉通常不具有显著的影响。如出水口的角度设计是为了方便接取咖啡，则该设计要素的变化对整体视觉效果的影响较小。因此，尽管出水口角度不同，但这种变化主

要是为了功能性目的，对整体视觉效果的影响不大。因此，被控侵权产品与授权外观设计专利在整体视觉效果上仍然相近似，构成侵权。

二、行政裁决和司法审判中的典型案例详解

【案例4-14】厨房置物箱产品外观设计专利侵权判定
【案情简介】

涉案产品为一种厨房置物箱（以下简称委托认定产品），涉案专利为厨房置物箱的外观设计专利，需要对二者进行比较，出具专利侵权判定技术咨询意见。其中，委托认定产品的各向视图如图4-14所示。

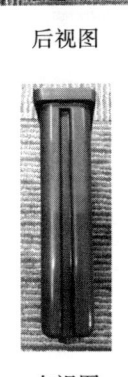
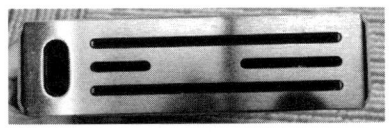

图4-14 委托认定产品视图

涉案专利的设计视图如图 4-15 所示。

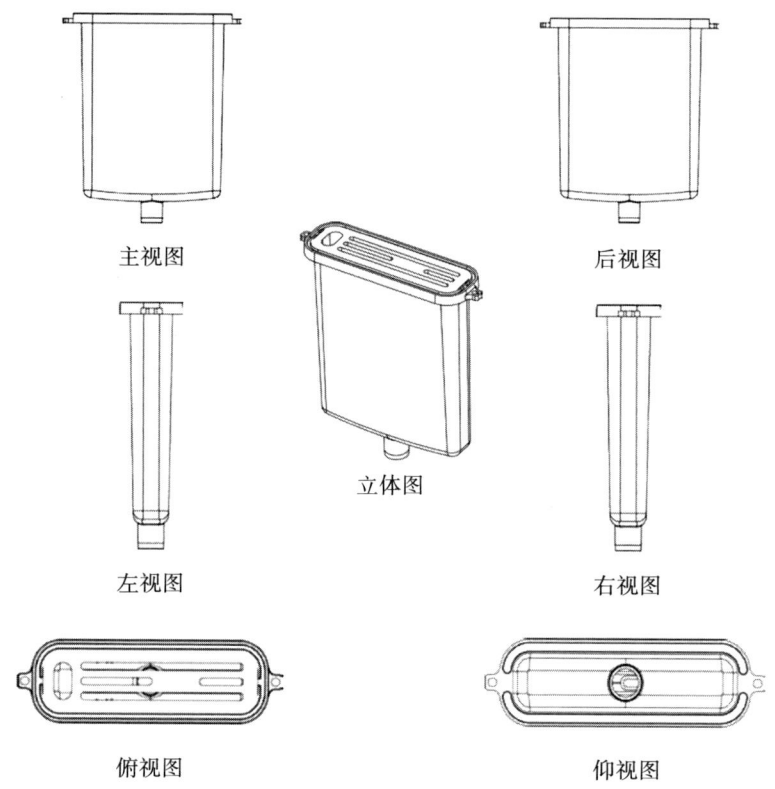

图 4-15　涉案专利的设计视图

【技术调查焦点】

委托认定产品是否构成侵权？

将委托认定产品与涉案专利的特征对比如下。

主视图：两者主体形状、比例基本相同，均包括上大下小的梯形主体，边缘处均为圆角过渡，顶部设置有一圈凸沿状的固定座，最下部中间位置设置有管状排水接口。经对比，区别在于：委托认定产品在左下角表面处设置有矩形凹陷；涉案专利在顶部固定座左右两侧设置有固定凸耳。主视图为消费者较为关注的角度，上述设计区别主要在于局部的细微设计，在整体设计中所占比例不大，不易引起一般消费者的关注。

后视图对比同主视图。

左视图：两者主体形状、比例基本相同，均包括上大下小的梯形主体，边缘处均为圆角过渡，顶部设置有一圈凸沿状的固定座，最下部中间位置设置有管状排水接口。经对比，区别在于：委托认定产品在下方成台阶状凹陷，中间表面设置有贯通整个侧面的凹槽；涉案专利在顶部固定座中心处设置有固定凸耳，侧面形状两侧边倾斜向下。左视图在整个装置中占比较小，为消费者不容易关注的角度，且上述设计区别主要在于局部表面的细微设计，在整体设计中所占比例不大，不易引起一般消费者的关注。

右视图对比同左视图。

俯视图：两者顶面上均包括左侧的长圆通孔，右侧的三排长槽，且中间排的长槽分为两段，一段槽长，一段槽短。经对比，区别在于：两者中间排的两段长槽位置相反，顶部设置有圆形倒角，涉案专利左右两侧设置有带孔的固定凸耳。俯视图为该产品的主要功能区域，为消费者容易观察的角度，两者在布局位置上的细微调整，不易引起一般消费者的关注，而两侧凸耳的设计，在整体设计中所占比例不大，不易引起一般消费者的关注。

仰视图：两者均成倒角矩形，且包括位于底面中部的出水口。经对比，区别在于：委托认定产品左侧对应主视图中的凹陷呈台阶状，左右两侧对应左视图和右视图中的凹槽呈中间凹陷状。仰视图为不容易观察到的角度，不易引起一般消费者的关注。

立体图：两者主体形状、比例基本相同，均包括上大下小的梯形主体，边缘处均为圆角过渡，顶部设置有一圈凸沿状的固定座，最下部中间位置设置有管状排水接口，两者顶面上均包括左侧的长圆通孔，右侧的三排长槽，且中间排的长槽分为两段，一段槽长，一段槽短。经对比，区别在于：委托认定产品在左下角处设置有矩形凹陷；涉案专利在顶部固定座左右两侧设置有固定凸耳。立体图为消费者最为关注的角度，上述设计区别主要在于局部的细微设计，在整体设计中所占比例不大，不易引起一般消费者的关注。

综上所述，经比对，委托认定产品与涉案专利均为厨房置物箱，属于同类产品。委托认定产品在整体形状结构、设计特征和各部件之间的比例关系、空间布局位置与涉案专利相比，区别点主要在于以下几个方面。

(1) 委托认定产品在左下角处设置有矩形凹陷。

(2) 涉案专利在顶部固定座左右两侧设置有固定凸耳，其左右侧面形状两侧边倾斜向下。

(3) 委托认定产品左右两侧面设置有贯通整个侧面的竖向凹槽。

(4) 委托认定产品顶面中间排的两段长槽位置与涉案专利不同，且涉案专利顶部设置有圆形倒角。

综上所述，涉案专利与委托认定产品二者整体形状结构、比例关系、设置位置实质相同。委托认定产品中的上述区别，属于局部细微的结构设计，且区别在整体设计中所占比例不大，整体视觉影响占比小，不会造成较为明显的视觉效果区别。因此，委托认定产品与涉案专利相比对外观设计的整体视觉效果没有产生显著的影响。因此，委托认定产品落入涉案专利的保护范围。

【典型意义】

该案展示了外观设计专利侵权判定的基本比对过程，将委托认定产品与涉案外观设计专利的各个视图分别进行比对，对各个设计特征进行分析，找到二者的相同点及区别，针对区别，以该类产品一般消费者的视角进行判定，确定该区别是否对产品的整体外观设计产生显著影响。该案中的差别属于一般注意力不易察觉的局部细微变化，对于产品的整体效果不具有显著的影响，最后判定为外观设计近似。

【案例 4-15】办公椅外观设计专利侵权判定

【案情简介】

某技术调查案件，委托认定产品为一种办公椅，涉案外观设计专利为一种椅背架，对二者进行比较，出具专利侵权判定技术咨询意见。

委托认定产品为办公椅，如图 4-16 所示。

主视图

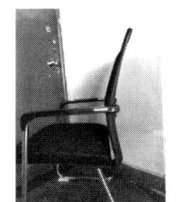
右视图

后视图

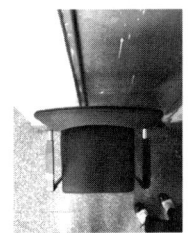
俯视图

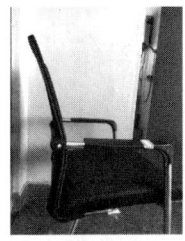
左视图

立体图

图 4-16　委托认定产品视图

涉案专利视图如图 4-17 所示。

主视图

右视图

图 4-17　涉案专利视图

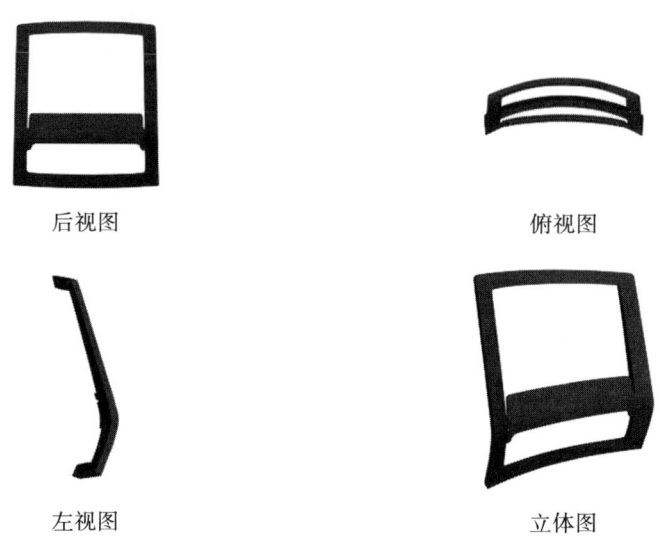

图 4-17 涉案专利视图（续）

【技术调查焦点】

委托认定产品是否构成侵权？

将委托认定产品与涉案专利的特征对比如下。

主视图：委托认定产品相较于涉案专利整体形状和结构大致相似。区别在于：①委托认定产品椅背架左侧、顶部、右侧外围一圈有凸起设计，而涉案专利没有上述设计；②涉案专利中间支撑横杆上设有一条弯折线，而委托认定产品没有；③委托认定产品在底部横杆的下面还设有向座椅垫底部弯曲的安装结构，被座椅垫所遮挡，而涉案专利并无此设计。

主视图是一般消费者较为关注的角度之一，其结构以及各结构比例属于消费者可以直接观察到的设计。因委托认定产品和涉案专利的主视图存在较为明显的区别，所以在视觉效果上存在实质性差异；因此，整体存在明显区别。

右视图：委托认定产品与涉案专利整体形状和结构比较相似。其主要区别在于：①涉案专利靠背顶部支撑横杆与委托认定产品相比，其弯折角度更大，突出程度更强；②涉案专利靠背最下端的弯曲方向与委托认定产品相比正好相反。

右视图是一般消费者较为关注的角度之一，其结构以及各结构比例属于消费者可以直接观察到的设计。因委托认定产品和涉案专利的右视图存在较为明显的区别,所以在视觉效果上存在实质性差异。因此,二者整体存在明显区别。

后视图:委托认定产品与涉案专利整体形状和结构相近。区别在于:①委托认定产品椅背架两侧有凸起设计,底部横向支撑杆也有凸起设计;②委托认定产品底部横向支撑杆的下部还设有安装于座椅垫的安装结构,而涉案专利没有。上述区别属于明显区别,所以在视觉效果上存在实质性差异;因此,二者整体存在明显区别。

俯视图:委托认定产品与涉案专利整体形状和结构近乎相同。委托认定产品的椅背架中间支撑结构、顶部和底部横杆,因拍照角度与涉案专利看似不同,但依据其他视图可知,其与涉案专利近乎相同。上述区别在整体视觉中占比较小,对整体视觉影响较小。

左视图:委托认定产品与涉案专利整体形状和结构相似,区别同右视图。

立体图:委托认定产品与涉案专利整体形状和结构相似,区别同主视图。

综上所述,涉案专利为椅背架,委托认定产品为办公椅,椅背架应用于办公椅属于其通常应用,两者属于相同种类的产品,可以用于进行侵权比对。由于涉案专利请求保护的是整体造型,未请求保护色彩,因此就涉案专利的形状和图案与委托认定产品进行比对。

涉案专利请求保护的是一种椅背架的整体造型的外观设计,而委托认定产品除了椅背架,还包括座椅的支撑腿、座椅等结构。而座椅、支撑腿等构件均可组装拆解,且委托认定产品靠背还具有网状结构。从涉案专利的外观设计视图中未见靠背处设置网状结构,但因涉案专利请求保护的是椅背架的整体造型,故将委托认定产品的椅背架整体造型与涉案专利的外观设计进行比对即可。

经过对比涉案专利与委托认定产品的整体形状和结构、设计特征和各部件之间的比例关系,委托认定产品与涉案专利大致相同,区别点在以下几个方面。

(1)委托认定产品椅背架主视图左侧、顶部、右侧外围一圈有凸起设计,而涉案专利没有上述设计;委托认定产品在底部横杆的下面还设有向座椅垫底部弯曲的安装结构,被座椅垫遮挡。

（2）委托认定产品椅背架后视图两侧有凸起设计，底部横向支撑杆也有凸起设计；而涉案专利没有该设计。

（3）委托认定产品靠背顶部支撑横杆的弯曲角度和突出程度与涉案专利略有不同。

综上所述，涉案专利与委托认定产品的整体形状和结构大致相同；最容易使消费者观察到的椅背架前后视图的形状设计、靠背顶部支撑杆以及底部横杆的弯曲角度和突出程度均属于消费者可以直接观察到的设计，对一般消费者的视觉影响较大，在视觉效果上存在实质性差异，因此，整体存在明显视觉区别。根据整体观察、综合判断的原则，判定委托认定产品不落入涉案专利保护范围。

【典型意义】

在外观设计相同或近似的对比判断中，应当更关注正常使用时易见部位的设计变化。该部位的设计变化相对于不易见或者不可见部位的设计变化，通常对整体效果更具有影响。该案中，最容易使消费者观察到的椅背架前后视图的形状设计、靠背顶部支撑杆以及底部横杆的弯曲角度和突出程度均属于消费者可以直接观察到的设计，二者的整体视觉效果产生实质性差异，不构成侵权。

【案例 4-16】风幕机外观设计专利侵权判定

【案情简介】

某专利侵权案中，被控侵权产品为一种风幕机（下称被控侵权产品），其被指控侵犯某电器公司的外观设计专利权（下称涉案专利）。该被控侵权产品所有人认为该被控侵权产品属于现有设计，提出技术调查委托，将被控侵权产品与网上售卖的风幕机产品（下称现有设计产品）进行比较，要求出具现有设计抗辩技术咨询意见。

涉案专利的申请日是 2018 年 10 月 20 日，授权公告日是 2019 年 3 月 5 日。现有设计产品在网上的上架时间是 2013 年 9 月 22 日，早于涉案专利的申请日，属于专利法规定的现有设计。

被控侵权产品如图 4-18 所示。

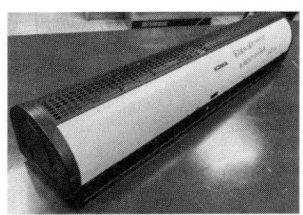

立体图

主视图

后视图

左视图   右视图

俯视图

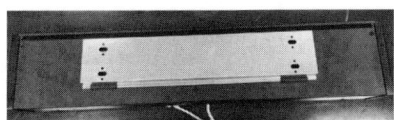

仰视图

局部放大图

图 4-18　被控侵权产品视图

现有设计产品如图 4-19 所示。

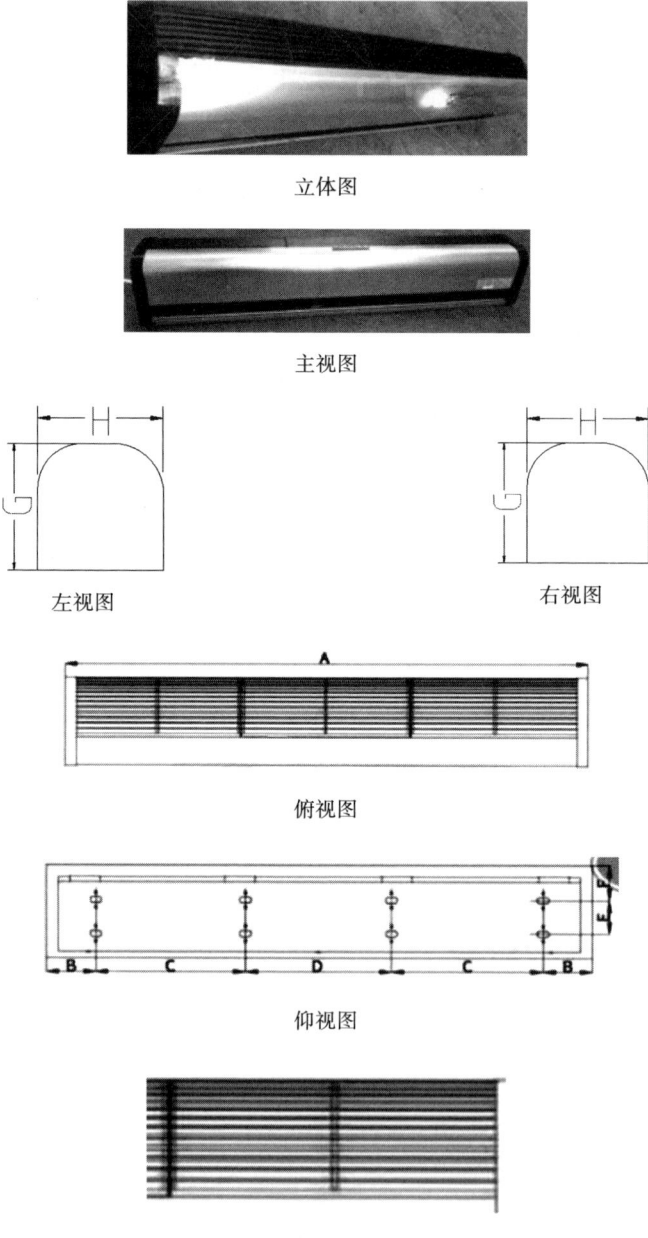

图 4-19　现有设计产品

【技术调查焦点】

被控侵权产品的现有技术抗辩是否成立？

被控侵权产品与现有设计产品属于相同种类产品，均是风幕机，可作为该案现有设计抗辩的对比设计。基于以上事实，将被控侵权产品与现有设计产品进行比较，作出如下特征对比及认定判断。

立体图：最能表明产品设计要点的图片为立体图，两者均包括长柱状本体，一侧为沿本体的长度方向延伸的进风栅格，另一侧为主面板，主面板下方设置有沿本体的长度方向延伸的出风口。

区别在于：①现有设计的端部截面形状为带倒角的"⊓形+底边"，而被控侵权产品的端部截面形状为"∩形+底边"；②现有设计的进风栅格具有分段隔断，而被控侵权产品的进风栅格没有分段隔断；③两者主面板的显示界面不同。对区别①而言，产品的端部截面形状决定了产品最终造型，两者在端部截面形状上的明显差异，对整个产品的主体形状结构产生了重大影响，使得两者的整体视觉效果不同。区别②和③属于局部细微差别，对整体视觉效果没有产生显著影响，不易引起一般消费者的注意。

主视图：从主视图看，被控侵权产品和现有设计产品主体均包括长柱状本体、靠近底边有一条长条状出风口、主面板和位于主面板下方的出风口。区别在于：两者主面板的显示界面不同。上述区别属于局部细节的设计差异，对整体视觉效果没有产生显著影响，不易引起一般消费者的注意。

后视图：现有设计产品无后视图，故无法进行比较。然而，后视图属于不易被观察到的视图，对整体视觉影响小。

左视图：从左视图看，两者的形状区别明显，现有设计产品的端部截面形状为带倒角的"⊓形+底边"，侧面板左右两边等高，而被控侵权产品的端部截面形状为"∩形+底边"，且端部截面的左右两边不等高，靠近主面板的一边比靠近背面板的一边要低。另外，被控侵权产品的左右两端的侧面板上有风扇状花纹。两者在端部截面形状上的明显差异，对整个产品的主体形状结构产生了重大影响，使得两者的整体视觉效果不同。

右视图：右视图比对后的相同点和区别点同左视图。

俯视图：从俯视图看，两者的区别在于现有设计产品的进风栅格具有分段隔断，而被控侵权产品的进风栅格没有分段隔断。上述区别属于局部细节的设计差异，对整体视觉效果没有产生显著影响，不易引起一般消费者的注意。

仰视图：从仰视图看，两者的区别在于背板上的安装板的结构不同。然而，仰视图与墙面贴合，属于不易被观察到的视图，对整体视觉影响小。

局部放大图：从局部放大图看，两者的区别在于现有设计产品的进风栅格和被控侵权产品的进风栅格形状不同。上述区别属于局部细节的设计差异，对整体视觉效果没有产生显著影响，不易引起一般消费者的注意。

综上所述，被控侵权产品为风幕机，现有设计产品为风幕机，属于相同种类的产品，可以用于进行现有设计抗辩。

经比对，被控侵权产品整体形状结构、设计特征和各部件之间的空间位置关系与现有设计产品相比，相同点在于：均包括长柱状本体，一侧为沿本体的长度方向延伸的进风栅格，另一侧为主面板，主面板下方设置有沿本体的长度方向延伸的出风口。

区别点主要在以下几个方面。

（1）现有设计产品的端部截面形状为带倒角的"⊓形+底边"，而被控侵权产品的端部截面形状为"∩形+底边"，且端部截面的左右两边不等高，靠近主面板的一边比靠近背面板的一边要低。

（2）被控侵权产品的左右两端的侧面板上有风扇状花纹。

（3）现有设计产品的进风栅格具有分段隔断，而被控侵权产品的进风栅格没有分段隔断。

（4）两者主面板的显示界面不同。

（5）被控侵权产品的进风栅格和现有设计产品的进风栅格形状不同。

（6）背板上的安装板的结构不同。

对于壁挂式风幕机而言，多数同类产品均为整体上成柱状结构，且包括上侧进风栅格和下方的出风口。该案的区别（1）对整个产品的主体形状结构产生了重大影响，使得被控侵权产品在整体形状比例上区别于现有设计产品，进而使得两者的整体视觉效果不同；区别（3）～（5）在产品的整体结构中占比较小，属于局部细节的设计差异，对整体视觉效果没有产生显著影响，不易引起一般消费者的注意；区别（2）、（6）属于正常使用时不易观察到的部位，不易引起一般消费者的注意；但区别（1）已经使得被控侵权产品的整体视觉效果与现有设计产品不同。

相较于被控侵权产品与现有设计产品的相似设计特征，二者的设计区别特征更易引起一般消费者的注意，经整体观察、综合判断，二者的区别设计特征使得二者的整体视觉效果存在实质性差异，被控侵权产品与现有设计产品既不相同，也不相似，而主要设计区别作为被控侵权产品与现有设计产品的相似设计特征对风幕机的整体视觉效果又具有显著影响，因此，被请求人的现有设计抗辩不成立。

【典型意义】

在被控侵权产品外观设计落入外观设计专利保护范围的情况下，通过现有技术抗辩来证明被控侵权产品为现有设计，则不构成侵权。是否属于现有设计的判断方法同外观侵权判定中相同或者相似的判断方法一致。该案中，被控侵权产品与现有设计产品的区别使得二者的整体视觉效果存在实质性差异，被控侵权产品与现有设计产品既不相同，也不相似，现有设计抗辩不成立。

此外，还需注意的是，现有技术抗辩的适用应当依被控侵权人的请求而进行，对现有设计的举证责任应当由被控侵权人承担，相关部门不能代替被控侵权人搜集证据。在适用现有设计抗辩时，仅需判定被控侵权产品是否采用了现有设计，无需判定专利的外观设计是否属于现有设计。

三、中国进出口商品交易会外观设计专利侵权典型案例详解

【案例4-17】背包外观设计专利侵权判定

【案情简介】

专利权人就主题为"背包"的发明创造向国家知识产权局申请了外观设计专利，涉案专利产品设计方案如图4-20所示。随后专利权人在中国进出口商品交易会（以下简称广交会）上发现被投诉人A和B的展品落入该外观设计专利的保护范围，向广交会知识产权和贸易纠纷投诉接待站（以下简称广交会投诉站）提出投诉。被投诉人A的展品如图4-21所示，被投诉人B的展品如图4-22所示。

涉案专利记载了主题为"背包"的外观设计，包含十项相似外观设计方案，设计要点在于产品形状，设计方案1最能体现设计要点，是基本设计。

从主视图可以看出,背包主体分为上、中、下三部分,其中上、下部分各占1/5背包位置,中间部分占3/5背包位置。上、中两个部分各分左、中、右三格,左、右侧各占1/4,中间侧呈长方形,格与格之间存在褶皱,顶部有提手,下方呈不规则椭圆形。从左、右视图可看出包体分为左右两层,中间用一个拉链的夹层分开。

涉案专利提供了外观设计专利权评价报告。报告显示,涉案专利设计方案1~10与现有设计相比,在产品的整体造型和各部位的具体造型上有较大差异。这些区别点对外观设计的整体视觉效果具有显著影响,因此涉案专利设计方案1~10与现有设计之间具有显著差异,符合《专利法》第二十三条第一款、第二款的规定。此外,未发现涉案专利设计方案1~10存在其他不符合《专利法》有关外观设计授权条件的缺陷。

图4-20 涉案专利产品的相关视图

图 4-21 被投诉人 A 的展品

被投诉人 A 的背包,从主视图可以看出背包主体分为上、中、下三部分,其中上、下部分各占 1/5 背包位置,中间部分占 3/5 背包位置,上、中部分各分左、中、右三格,左、右侧各占 1/4,中间侧呈长方形,格与格之间存在褶皱,顶部有提手,下方呈不规则椭圆形。从左、右侧可看出包体分为左右两层,中间用一个拉链的夹层分开。

图 4-22 被投诉人 B 的展品

被投诉人 B 的背包,主视图从上至下的 1/4 处有横纹,中部在包体的左右各 1/4 处分别有一竖纹,产品下端有梯形横纹,右侧有一个竖向拉链,拉链长约占产品高度的 2/3;包体右侧 1/8 处设有拉链,并有两条背带,拉链扣上有一个结绳。

【技术调查焦点】

根据整体观察、综合判断的原则,被投诉产品与涉案专利产品之间没有明显的区别点，构成近似，涉嫌侵权。

【典型意义】

专利权评价报告可以帮助专利权人或利害关系人了解其外观设计专利的稳定性和有效性。在展会维权中，专利权评价报告可以作为专利权人维权的依据，帮助其在发现侵权行为时采取相应措施。

【案例 4-18】拉杆箱外观设计专利侵权判定

【案情简介】

专利权人就主题为"拉杆箱（TQ）"的发明创造向国家知识产权局申请了外观设计专利，随后在广交会展会上发现被投诉人的产品落入该外观设计专利的保护范围，向广交会投诉站提出投诉。

涉案专利记载了主题为"拉杆箱（TQ）"的外观设计，涉案专利的相关视图如图 4-23 所示。拉杆箱的主视图和后视图均有多个带有四个圆角的长方形，并等比例从中心向四周从小到大扩散，且该长方形层与层之间凹凸不平。右视图可见拉链、密码锁和提手，左视图上方有一个长方形图案连接箱包的底与盖，底部可见四个滚轮外露于箱体。

被投诉展品为拉杆箱，图 4-24 为被投诉展品的实拍图。箱包的主视图和后视图均有多个带有四个圆角的长方形，并等比例从中心向四周从小到大扩散，且该长方形层与层之间凹凸不平。主视图最中间的长方形处设有铭牌，右视图可见拉链、密码锁和提手，左视图上方和下方可见拉链，中间的拉链被封条遮住，底部可见四个滚轮外露于箱体。

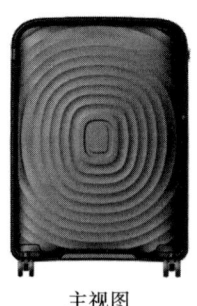
主视图

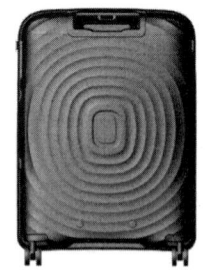
后视图

图 4-23　涉案专利的相关视图

第四章 侵权判定案例中的智慧

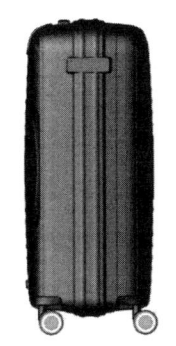

左视图

右视图

俯视图

仰视图

图 4-23 涉案专利的相关视图（续）

主视图

后视图

左视图

右视图

图 4-24 被投诉展品的实拍图

— 197 —

俯视图　　　　　　　　　　　　　　仰视图

图 4-24　被投诉展品的实拍图（续）

【技术调查焦点】

相同点：涉案专利与被投诉展品均为拉杆箱。从各视图可见，两个拉杆箱的主视图和后视图均有多个带有四个圆角的长方形，并等比例从中心向四周从小到大扩散，且该长方形层与层之间凹凸不平，右视图可见拉链、密码锁和提手，底部可见四个滚轮外露于箱体。

不同点：涉案专利左视图上方有一个长方形图案连接箱包的上盖与下底，拉链不可见；被投诉产品左视图上方和下方可见拉链，中间的拉链被封条遮住，被投诉产品主视图最中间的长方形处设有铭牌，涉案专利没有。

根据整体观察、综合判断的原则，被投诉产品与涉案专利外观形状基本相同，图案和花纹走向一致，仅主视图、左视图有细微差别，上述区别无法给一般消费者带来明显的视觉差异，被投诉展品落入涉案专利的保护范围。

【典型意义】

案例中被投诉产品与涉案专利外观形状基本相同，图案和花纹走向一致，仅主视图、左视图有细微差别，上述区别无法使一般消费者产生明显的视觉差异，被投诉展品落入涉案专利的保护范围。一般消费者是指对涉案产品具有常识性的了解，对产品外观设计有一定的辨识力，但不会对设计细节进行过度分析的普通购买者。

【案例 4-19】玩偶外观设计专利侵权判定

【案情简介】

专利权人就主题为"玩偶（SPLATS-ZOO）"的发明创造向国家知识产

权局申请了外观设计专利(以下简称涉案专利一),另外就主题为"玩偶(STRETCHAPALZ-Movies)"的发明创造向国家知识产权局申请了外观设计专利(以下简称涉案专利二)。随后在广交会上发现被投诉人的产品,专利权人认为被投诉人的展品落入上述两件外观设计专利的保护范围,向广交会投诉站提出投诉。

涉案专利一记载了主题为"玩偶(SPLATS-ZOO)"的外观设计,相关视图如图4-25所示。从授权公告的文本来看,请求保护的外观设计不包含色彩,属于形状与图案相结合的外观设计,设计要点在于形状,最能表明设计要点的图片或照片为主视图。该产品为大猩猩玩偶,其头部尺寸较大,头部的高度占玩偶整体高度的三分之二。从整体效果来看,该玩偶头大身体小,其整体的肌肉线条比较硬朗清晰,胸肌发达,眼神凶恶。

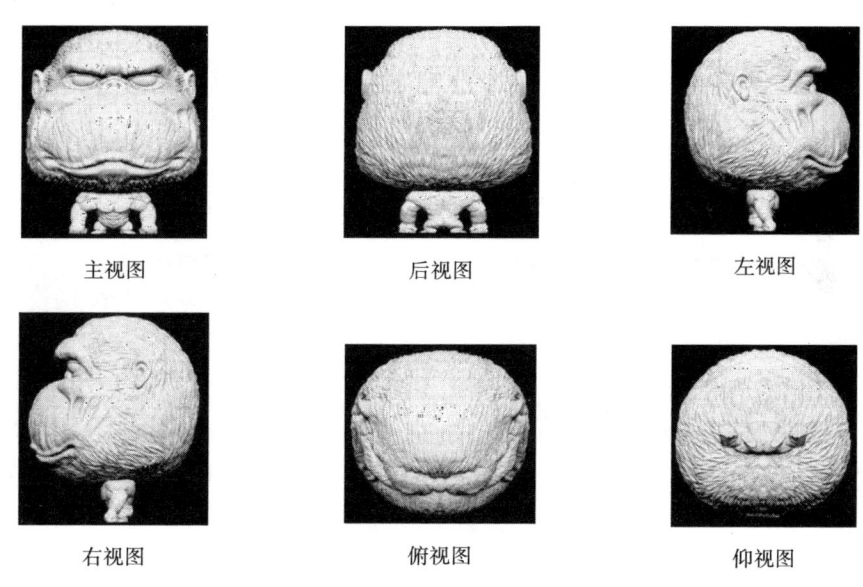

图4-25 涉案专利一的相关视图

涉案专利二记载了主题为"玩偶(STRETCHAPALZ-Movies)"的外观设计,相关视图如图4-26所示。从授权公告的文本来看,请求保护的外观设计不包含色彩,属于形状与图案相结合的外观设计,设计要点在于形状,最能表明设计要点的图片或照片为主视图。该产品为大猩猩玩偶,其头部尺寸较小,头部的高度占玩偶整体高度的四分之一。从整体效果来看,脸较长,其整体的肌肉线条比较硬朗清晰，胸肌发达，眼神凶恶，脚掌张开向左右两边，大拇指为竖直方向。

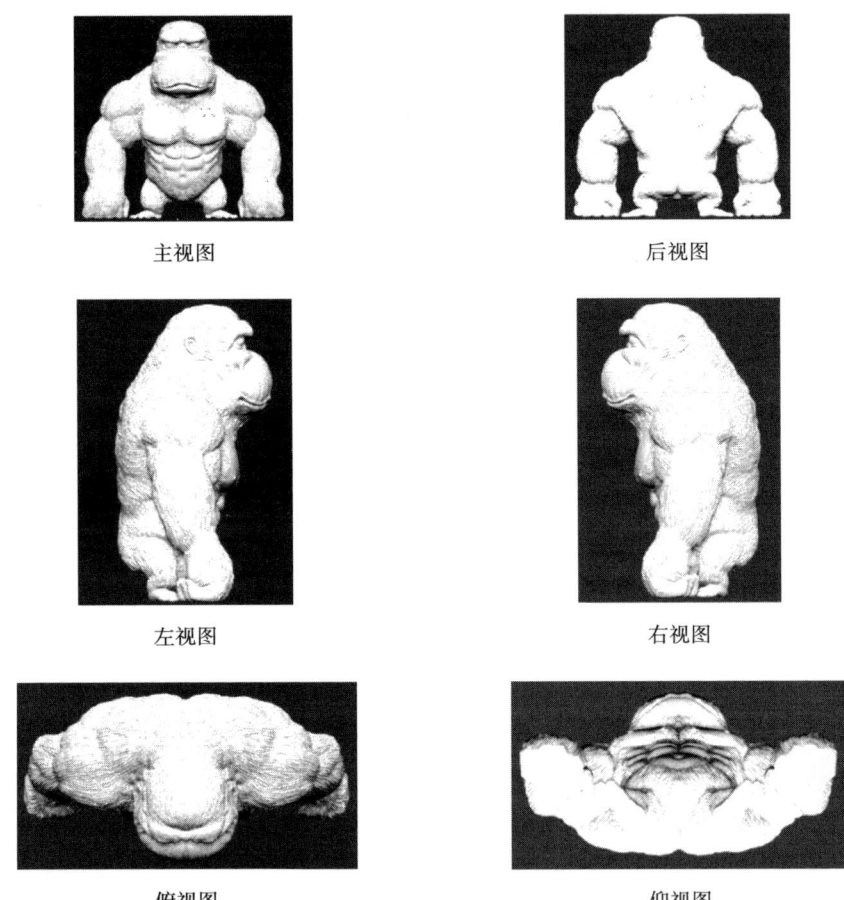

图 4-26 涉案专利二的相关视图

涉案专利提供了外观设计专利权评价报告。报告显示，涉案专利设计与现有设计相比，在产品设计上存在明显区别。对于一般消费者来说，该差别对外观设计的整体视觉效果产生了显著影响，涉案专利与现有设计相比均具有显著差异。因此，涉案专利符合《专利法》第二十三条第一款、第二款的规定。此外，未发现涉案专利存在其他不符合《专利法》有关外观设计授权条件的缺陷。

被投诉展品为大猩猩玩偶，如图 4-27 所示。其头部尺寸较小，头部高度占玩偶整体高度的四分之一。从整体效果来看，脸圆，头小，身体大，其整体的肌肉线条更为柔和圆润，胸肌不发达，眼神温和，脚掌向前，大拇指为水平方向。

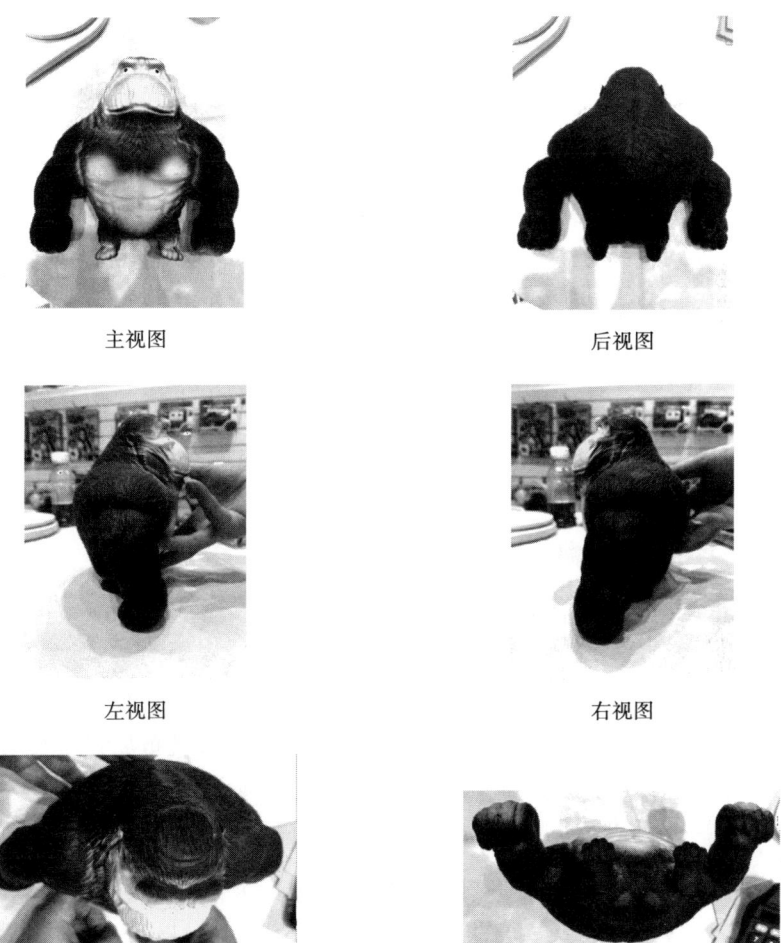

图 4-27　被投诉展品的实拍图

【技术调查焦点】

将被投诉产品与涉案专利一相比较，分析如下。

相同点：两者整体形象相同，均为大猩猩玩偶。

不同点：两者的区别点主要在于头身比不一样，大猩猩表情不同，肌肉线条不同，肌肉比例不一样。对于自然界中存在的动物，其玩偶在整体形状布局设计以及图案等内容的设计上设计空间较小，一般消费者更关注头身比、玩偶表情、肌肉线条的设计。对于一般消费者而言，上述区别点足以对外观设计的整体视觉效果产生显著影响。根据整体观察、综合判断的原则，涉案专利与被投诉产品相比具有明显区别。

被投诉产品不落入涉案专利一的保护范围。

将被投诉产品与涉案专利二相比较，分析如下。

相同点：①两者整体形象相同，均为大猩猩玩偶；②两者的产品正面布局相似。

不同点：两者的区别点主要在于大猩猩表情不同，肌肉线条不同，肌肉比例不一样，脚掌和手指展开方式不一样。对于自然界中存在的动物，其玩偶在整体形状布局设计以及图案等内容的设计上设计空间较小，一般消费者更关注玩偶表情、肌肉线条的设计。对于一般消费者而言，上述区别点足以对外观设计的整体视觉效果产生显著影响。根据整体观察、综合判断的原则，涉案专利与被投诉产品相比具有明显区别。

被投诉产品不落入涉案专利二的保护范围。

【典型意义】

案例中被投诉产品与涉案专利的区别在于大猩猩的头身比、表情、肌肉线条、肌肉比例、四肢的展开方式等。大猩猩为自然界中存在的动物，对这种类型的动物造型玩偶进行发明创造，在玩偶整体形状布局设计以及图案等内容的设计上设计空间较小，一般消费者更关注玩偶头身比例、表情、肌肉线条、手脚走向等设计。上述区别点足以对外观设计的整体视觉效果产生显著影响。根据整体观察、综合判断的原则，涉案专利与被投诉产品相比具有明显区别，被投诉产品不落入涉案专利的保护范围。

设计空间的大小会影响侵权判定。如果一个产品的设计空间较大，即存在多种可能的设计变体，那么对设计的相似性要求会更高，只有当被控侵权设计与专利设计非常接近时，才可能构成侵权。反之，如果一个产品的设计空间较小，即存在的设计变体有限，那么对设计的相似性要求相对较低，在这种情况下，即使被控侵权设计与专利设计之间存在一些细小差异，但如果这些细小差异足以使两者在整体视觉效果上产生明显区分，被控侵权设计仍然可能不被认定为侵权。

第五章

专利侵权的攻防策略

第一节 侵权判定的核心：技术特征与法律要件

专利侵权判定的核心在于对技术特征的精准拆解与法律要件的严格论证。本节从技术逻辑与法律规范双重维度，系统梳理侵权判定的关键环节，为后续攻防策略奠定理论基础。

一、技术特征的精准拆解

1. 全面覆盖原则

实践中，我们需通过以下步骤实现技术特征的精细化比对：①将权利要求书逐项拆分为独立技术特征，明确其功能、手段及效果；②采用全面覆盖原则，分析被控侵权技术须完整包含专利权利要求的全部技术特征（包括等同特征）；③若缺少任一必要特征，则不构成侵权。

有关上位概念与下位概念的匹配关系，若专利特征为上位概念（如"连接装置"），而被控侵权技术采用其下位实现方式（如"卡扣连接"），仍可能构成相同侵权。

专利权的保护范围以权利要求书为基础，但须结合说明书及附图进行解释（见《专利法》第六十四条）。实践中需注意对功能性特征的限定性解释，若权利要求中出现"用于……的装置"等表述，其保护范围需限定于说明书中的具体实施方式及等同物。

另外，也须注意专利授权后的审查历史文件（如审查意见答复）可能通过禁止反悔原则限缩保护范围。

2. 等同侵权判定

当技术特征存在非实质性差异时，需依据"手段—功能—效果"三要素判定等同侵权。

手段基本相同：技术实现方式无实质性差异（如将"螺栓连接"替换为"铆接"）。

功能与效果等同：替代方案需实现相同功能（如密封效果）且达到同等技术效果。

普通技术人员易联想：替换手段应为本领域技术人员无需创造性劳动即可想到的常规方案。

例外情形：若专利权人在审查阶段限缩权利要求（如放弃"薄膜开口"特征），则不得通过等同原则重新扩张其保护范围（禁止反悔原则）。

3. 专利有效性的双重核查

专利有效性是侵权判定的前提，应从以下两个方面验证。

权利稳定性核查：确认专利处于有效状态（年费缴纳正常）且未被宣告无效。实用新型专利与外观设计专利应额外提交专利权评价报告。

无效风险预判：针对被控侵权方可能提出的无效请求理由（如缺乏新颖性），提前检索对比文件（如专利申请日前的展会资料）并补充实验数据或市场销售证据（如高市场占有率）。

二、法律要件的严格论证

1. 法律要件的程序性审查

除技术特征比对外，应同步验证侵权行为是否满足法定构成要件。

实施行为的合法性：确认被控侵权行为未经许可且以生产经营为目的。科研使用、权利用尽等法定豁免情形可排除侵权。

时间要件：侵权行为须发生在专利授权后且在权利保护期内。若实施行为在临时保护期（发明专利公开至授权期间），仅需支付合理使用费。

对象要件：被控侵权技术须针对有效专利，过期或无效专利不构成侵权。

2. 抗辩路径的选择

知识产权侵权抗辩路径可分为绝对抗辩与责任减免两类。

绝对抗辩的核心在于否定权利基础或侵权行为，例如，主张专利权无效（如发现了申请日/优先权日前的公开销售记录，可能导致专利新颖性/创造性问题），或运用现有技术抗辩（提交专利申请日前公开的专利文献或产品目录证明技术的非原创性）。此外，若涉案技术已通过合法授权或许可使用，可援引《专利法》进行抗辩，主张权利来源合法。

责任减免则聚焦于减轻或免除赔偿责任，例如，提供完整的采购合同、发票、物流单据等证据链，证明产品来源合法（仅免除赔偿，仍需停止侵权）；主张原告起诉超出时效，应举证其未在知悉侵权后及时主张权利；证明原告对损害存在过错（如未标注专利标识），通过操作记录等证据降低赔偿比例，从而实现过错相抵。

3. 侵权判定的逻辑

知识产权侵权判定的核心逻辑遵循"技术特征分解—法律要件匹配—社会效果平衡"的递进框架。

技术特征分解阶段应依据专利权利要求书，将技术方案拆解为最小技术单元（如"无线通信模块"应进一步拆分为发射器、接收器等具体结构），并结合说明书明确特征边界。

法律要件匹配则主要聚焦于全面覆盖原则与等同原则的适用，即被控侵权产品应完全覆盖专利全部技术特征，或以基本相同手段实现相同功能效果。证据链应包含侵权产品实物、技术比对鉴定报告及市场影响分析，例如，通过财务数据交叉验证侵权获利以主张 1~5 倍惩罚性赔偿。

社会效果平衡主要包括：①责任划分精细化。例如，法院根据侵权主体性质差异化裁量，针对故意侵权、重复侵权的制造商和无主观恶意的小型销售商进行差异化裁量。②赔偿计算采用填平原则与贡献率规则结合，以市场价值为导向，避免"一刀切"。③禁止反悔原则与捐献原则防止专利权人滥用权利，实用性审查排除低价值专利的过度保护等。

第二节　权利人的维权路径：从防御到进攻的策略

专利维权不仅是法律权利的维护，更是企业技术壁垒与市场地位的捍卫。权利人应构建"证据链—法律手段—竞争威慑"三位一体的攻防体系。

一、构建不可推翻的证据链

1. 技术比对

将被控侵权产品与专利权利要求逐项比对，重点验证"区别特征是否影响功能的实现"。对比过程中，收集专利权属证据（如专利证书、专利登记簿副本、年费缴纳记录以及实用新型/外观设计专利的专利权评价报告）、侵权存在的证据（如侵权产品实物公证封存、销售发票、电商平台交易记录、技术特征对比表等）及赔偿依据证据（如权利人财务报表、侵权方海关出口数据、行业平均利润率推算的侵权获利等）。

2. 取证手段

线上取证：通过可信时间戳固定网页侵权信息（如电商平台商品详情页面），确保快照包含完整 URL 链及时间戳。

线下取证：针对展会、工厂等场景，可联合市场监管部门对工厂突击检查，查封侵权产品及生产模具，形成直接证据链。

公证购买：委托第三方公证机构全程记录购买流程（含物流单、发票、产品完整包装），避免拆封痕迹争议导致证据失效。

二、专利稳定性强化

1. 专利质量预检

实用新型/外观设计专利应提前取得专利权评价报告，避免诉讼中因无效宣告导致败诉。以多件核心专利同步起诉（如覆盖产品结构、制造方法、外观设计），迫使被告陷入多个无效宣告程序，大幅提高其应诉成本。

2. 动态维护机制

定期更新专利审查历史档案库，记录每次审查意见答复中的解释说明，防范禁止反悔原则对保护范围的限缩。针对高价值专利，在主要市场（如中国、美国、欧洲）同步申请同族专利（可通过PCT专利等途径），防范跨国侵权人利用地域性漏洞。

三、最大化维权收益

1. 赔偿计算

申请法院调取被告财务数据（应在举证期届满前提交书面申请），结合《专利法》第七十一条主张侵权获利的1~5倍惩罚性赔偿。可以采取比对被告财务报表、海关出口数据及行业平均利润率等手段。将律师费、公证费、技术鉴定费等纳入赔偿请求（应提供费用明细及支付凭证），避免"赢了官司，赔了钱"。

2. 协商与威慑

发送侵权警告函，根据侵权严重程度调整措辞强度，对初犯者可采用"技术合作邀约"式函件，对恶意侵权者则附上同类案件判赔案例警示。也可以通过地方知识产权局达成停止侵权协议，避免2~3年的诉讼周期。

3. 行政查处联动

向国家知识产权局或地方市场监管部门举报，请求责令停止侵权行为并没收侵权产品。针对电商平台侵权，可利用"通知—删除"规则要求平台下架商品（应提供专利证书、侵权比对分析报告及权属声明）。

四、强化专利质量与审查协同

1. 优化专利申请策略

充分利用按需审查模式，根据技术研发周期与市场布局需求灵活选择审查模式，针对核心技术选择优先审查，为技术迭代预留空间时选择延迟审查。例如，芯片、量子技术等战略领域应优先提交，确保关键专利快速确权。

对专利组合布局进行结构化设计，避免分散申请导致审查资源浪费。例如，将核心专利与外围专利形成"主次搭配"，便于审查员快速理解技术脉络，提升批量审查效率。

2. 提升专利文本质量，降低授权风险

权利要求书撰写应严格遵循"技术特征可验证"原则，避免使用模糊的功能性限定（如"高效处理部件"），优先采用可量化参数，减少审查员对新颖性/创造性判断的争议。

主动提交审查历史档案中关键修改的说明文档，例如在答复审查意见时明确放弃的权利要求范围，防止后续诉讼中因禁止反悔原则被限缩保护范围。

3. 主动参与审查互动，预判侵权场景

针对人工智能、大数据、集成电路等新兴领域，提前与审查员沟通技术术语定义与产业应用场景，避免因标准不统一导致授权范围偏差。例如，在说明书中补充行业通用技术参数或对比实验数据，辅助审查员准确划定保护边界。

对高价值专利建立全球同族档案库，同步跟踪不同国家审查意见，动态调整权利要求解释策略，为跨境维权提供一致性基础。

第三节 被控侵权人的防御矩阵：从被动应诉到主动破局

专利侵权诉讼本质是技术事实与法律规则的博弈战场。被控方需通过"技术特征解构+法律程序反制+复合抗辩组合"构建多维防御体系，最终实现从被动抗辩到主动破局的战略转变。

一、风险诊断与证据反制

1. 资格审查

主体资格核查：主要是核查原告是否为适格主体，普通被许可人应提交专利权人书面授权文件，独占许可人应提供专利登记簿副本。在跨境诉讼中，应验证外国专利是否在中国授权（如某美国专利在中国未注册即主张侵权，被告成功驳回起诉）。

专利权状态验证：调取专利登记簿副本核查年费缴纳记录，确认专利有效性，如因原告未缴年费导致专利权终止等。

检索专利转让备案信息：主张未备案转让导致权属争议，如某案因转让协议未备案，法院认定原告无诉讼权等。

2. 证据合法性挑战

"钓鱼取证"反制：若原告通过诱导性话术（如伪装采购商承诺大额订单）获取证据，可主张违反诚信原则，请求非法证据排除，应提供诱导录音、聊天记录等佐证。

公证瑕疵攻击：针对公证保全程序漏洞，如未全程记录产品拆封过程、公证员未亲临购买现场等情况，申请法院不予采信等。

二、技术事实重构

1. 逆向工程与特征拆解

逆向工程（Reverse Engineering）是指通过拆解、分析目标产品，推导其技术方案、设计原理和实现路径的过程。逆向工程在专利侵权诉讼中的应用流程可分为技术拆解与法律抗辩两个阶段。一般来说，被控侵权方需将产品拆解为结构、模块或算法步骤等独立技术单元（例如将智能手表拆解为传感器模块、通信模块等），并与专利权利要求逐项比对，识别缺失或差异点。严格对照涉案专利权利要求，证明被控产品缺少必要技术特征或存在显著差异（如结构设计、参数临界值差异）。

需要注意的是，若专利权利要求包含封闭式技术特征（如"必须包含 A、B、C 组件"），需证明被控侵权产品缺少某一必要特征（如缺少组件 C）；对于针对专利限定的参数范围（如温度为 300~500℃），通过实验数据证明临界值与专利方案技术效果存在显著差异，推翻等同侵权认定。此外，涉及功能性限定（如某控制模块），可主张说明书未披露具体实施例，适用捐献原则限制其解释范围。

2. 等同原则反向适用

在法律抗辩层面，可结合技术差异构建多重防御策略：其一，援引等同原则阻断，从"手段—功能—效果"三要素切入，例如将"激光焊接"改为"超声波焊接"，因热源类型不同导致工艺参数差异；其二，调取专利审查历史，如专利权人曾放弃"单向卡扣"方案，则通过禁止反悔原则限制其等同扩张。技术领域差异应有针对性的应对：机械领域可通过油泥模型直观比对（如本田 CR-V 外观设计专利案），而软件领域应保存"净室程序"记录以证明未接触源代码。最终，完整的技术拆解日志（含拆卸视频、实验数据）是支撑抗辩的关键证据链。

被控侵权人可以尝试从"手段—功能—效果"三个维度构建技术的差异链：①手段差异，如将专利的"激光焊接"改为"超声波焊接"，导致热影响区扩大；②功能差异，如某电池专利要求"双向锁扣"，被控侵权产品仅实现单向固定，无法达到相同防脱落效果；③公知常识举证，提供技术手册、教科书等证明差异属于常规选择。

三、复合抗辩策略

1. 现有技术抗辩

证据筛选与验证时，优先选择专利申请日前公开的专利文献、行业标准或学术论文作为核心证据。同时，可以结合国际展会影像、电商平台历史销售记录等，形成时空关联性证明；还可以使用专利地图工具进行特征矩阵分析，确保现有技术方案完整覆盖被控侵权产品的必要特征及组合逻辑。

2. 合法来源抗辩

对于采购凭证，需提供合同、发票、物流单的完整链条，合同须明确知识产权瑕疵担保条款，缺失任一环节将导致抗辩失败。终端销售商可通过供应商资质审查（如营业执照、专利授权书）及技术隔离措施（如 RFID 标签区分零部件）降低风险。保留供应商合规审查记录，应对当庭质证。

3. 专利权无效宣告

检索在优先权日前的公开销售记录（如海关数据、电商平台快照），或挖掘国际展会视频，进行新颖性/创造性攻击。通过说明书支持性缺陷，主张权利要求概括范围超出说明书公开内容，针对功能性限定权利要求，举证说明书实施例不足。

四、技术防御与审查程序结合

1. 现有技术证据链构建与技术脉络分析

收到侵权警告后，基于专利申请日前的公开技术，构建多维度证据体系。①挖掘国际展会视频、学术会议报告（如 IEEE 论文）、开源代码库（如 GitHub 历史版本）等，证明涉案技术已公开应用。例如，某通信专利因侵权方提交的 3GPP 会议记录被认定为现有技术，导致权利人被迫限缩权利要求。

②将多篇现有技术文献(如专利、论文)与公知常识结合,证明涉案专利技术方案属于"现有技术的显而易见组合"。例如,结合两篇分别公开 A 组件和 B 组件的文献,证明"A+B 组合"在专利申请时已具备技术启示。③技术演进路径可视化,绘制专利技术发展时间轴,标注涉案专利与现有技术的关联节点,削弱其创造性高度。

2. 一致性解释和审查规则利用

侵权方应关注专利审查阶段对技术术语的界定(如审查意见中的"创造性高度"评价),分析原告的诉讼主张与授权基础逻辑是否自洽。

权利人可主动向地方知识产权保护中心提交专利预审报告。相应地,侵权人则可利用知识产权快速维权中心的无效宣告预审通道,缩短争议解决周期。

3. 技术规避与文档留痕

被控侵权方可以通过技术迭代与文档固证降低侵权风险,具体包括以下几个方面。

规避设计路线图:针对专利保护范围,设计"替代技术路径"。例如,某电池专利要求"层状电极结构",可通过开发多孔电极或复合电极方案绕过保护范围。需要注意的是,在开展规避设计时,应同步提交技术可行性报告及规避方案特征对比表等相关文件。

研发日志标准化:建立技术文档时间戳系统,详细记录研发过程(如实验数据、设计草图、会议纪要),证明技术方案为独立开发。例如,某企业通过版本控制系统的时间戳,成功证明技术方案的时间早于专利申请日。

技术效果差异量化:对规避设计后的产品进行性能测试(如能耗、效率指标),制作技术效果对比报告,证明新方案与专利技术存在实质性差异。

第四节　程序博弈与执行威慑：诉讼战场的攻防艺术

专利诉讼的程序规则既是利剑，亦是盾牌，其运用效果直接影响诉讼结局。

一、权利人的程序加速器

1. 诉前禁令

申请诉前禁令的核心目的是在紧急情况下及时制止侵权行为，防止申请人因侵权行为持续或扩大而遭受难以弥补的损害。例如，当专利权人或商标权人发现他人正在大规模生产、销售侵权产品，或即将在关键商业节点（如新品发布会、促销季）实施侵权行为时，若不立即制止，可能导致权利人市场份额急剧流失、商誉严重受损。这种损害往往无法通过事后赔偿完全弥补，因此，诉前禁令成为保护权利人合法权益的重要法律手段。

申请人应构建"技术侵权+市场损害"的证据链，提交侵权特征比对报告，实用新型/外观设计专利应附加国务院专利行政部门出具的专利权评价报告，发明专利则应提交最新的年费缴纳凭证及审查档案中的稳定性说明等。同时，还可以提交市场影响评估报告等，通过这些报告直观地呈现侵权行为对市场份额的冲击、商誉损害可视化证明等。

2. 证据保全

证据保全是指为防止证据灭失或难以取得，由法院或公证机构依法对证据进行固定、封存的法律程序，确保其证明力不受破坏。主要包括以下方法：①生产现场突击查封：向法院申请证据保全，并协调法警、公证员到场；查封侵权产品/半成品，标注编号并拍照，提取销售数据等；全程录像并制作清单，由当事人签字确认。②电子数据镜像技术：计算原始数据，生成完整性报告，全盘复制服务器数据，解析代码相似度。

证据保全的核心在于快速行动（如突击查封）与技术固化（如区块链存证），应同时满足法律程序要求与技术合规标准（数据完整性验证）。

3. 跨境执行

权利人可以借助《海牙判决公约》的跨国司法合作机制，通过向境外法院申请承认与执行本国判决，查封侵权人海外资产或账户，形成对侵权行为的全球性打击。实际操作时，建议寻找专业团队，针对目标国设计"一国一策"方案，定期跟踪公约缔约国的司法解释动态。

二、被控侵权人的程序狙击术

1. 专利无效宣告与诉讼中止联动

在专利侵权诉讼中，被控侵权方可通过专利无效宣告与诉讼中止联动策略实现程序性防御。

关于专利无效宣告，被控侵权人可以提出无效宣告请求，动摇专利稳定性，利用诉讼中止延缓审判进程，为实体抗辩争取时间。具体而言，被控侵权方应在答辩期内（通常为收到起诉状后15日内）向国家知识产权局提出无效宣告请求，并同步向法院提交中止审理的相关申请。针对实用新型或外观设计专利，因其未经实质审查且稳定性较低，法院原则上应中止诉讼，除非存在例外情形（如专利权评价报告结论正面或被告证据明显不足）。此时，无效宣告审查周期（通常为6个月至2年）与诉讼程序形成时间差，迫使原告陷入专利有效性不确定的被动局面。

若涉案专利存在侵权纠纷或涉及公共利益，则可向知识产权行政管理部门申请无效程序加速，审查周期可进一步压缩，形成"无效宣告加速+诉讼程序减速"的叠加效应。若专利权最终被宣告无效，则视为自始不存在，从根本上消解侵权指控。因此，联动程序既是技术性防御手段，亦是对专利权滥用行为的制衡机制。

2. 管辖权异议和涉外法律适用

在电商侵权案件中,被控侵权人可通过管辖权异议与涉外法律适用博弈两大程序性策略化解风险。

被控侵权人可依据物流单据(如电子面单、物流轨迹图)证明实际发货地与原告起诉地不符,推动案件移送至生产基地或经营地法院管辖。例如,利用"菜鸟"物流数据及第三方发货地信息(如物流单号、揽收记录),证明商品实际发出地并非原告主张的地区,最终案件被移送至其他法院审理。

若涉案技术涉及境外研发,可提交境外实验室的研发日志、代码版本记录等证据,主张适用外国专利法解释规则。例如,某专利纠纷中,被告提供国外实验室的研发文档、技术迭代记录,证明核心技术方案在国外完成开发,推动法院采纳外国专利法中的"技术特征比对标准",降低侵权风险。此类策略应结合国际私法规则(如《海牙判决公约》)及目标国司法实践,形成跨境证据链。

3. 反诉与反制索赔

在专利侵权诉讼中,被控侵权方可运用反诉与反制索赔构建防御机制。

恶意诉讼反诉模型:若原告明知专利存在无效风险仍起诉,可依据《中华人民共和国反不正当竞争法》第二十条,要求赔偿商誉损失及合理开支(如律师费、停产损失)。该路径应同步提交原告未履行专利稳定性评估的证据(如第三方检索报告)及无效宣告请求受理凭证,形成"无效宣告+反诉索赔"的联动效应。

商业秘密交叉指控:针对原告取证过程中接触的被告的技术秘密,可申请行为保全禁令,禁止原告使用或披露相关数据,同时要求原告排除非法证据。

证据突袭反制:面对原告突击提交的技术证据,可通过专家辅助人介入机制(如申请技术调查官或行业专家出具比对报告)推翻其技术鉴定结论,并要求法院重新指定举证期限,确保程序公平。

第五节 从危机管理到价值创造：
知识产权全流程管理体系构建

知识产权已成为企业构筑技术壁垒、实现差异化竞争的核心战略资产。然而，碎片化的管理思维与割裂的业务环节，往往导致企业陷入"重申请轻运营""重防御轻布局"的困局。从技术研发的源头失控到成果转化的路径梗阻，从供应链的知识产权连带风险到市场端的侵权围剿，企业亟须建立贯穿创新全链条、覆盖管理全场景的体系化解决方案，实现知识产权从"成本中心"向"利润引擎"的质变跃迁。

一、立项研发阶段的风险防控与布局

1. 技术预研与风险筛查

立项前需通过专利检索与现有技术分析（FTO 分析）评估技术新颖性及侵权风险，重点核查竞争对手专利布局与技术壁垒，结合市场调研调整研发方向，避免重复投入与侵权风险。

明确研发路径时，应同步制定知识产权规划，包括专利布局策略（核心专利+防御性专利组合）、技术秘密保护范围及著作权登记计划。研发过程中建立动态跟踪机制，定期监控同类技术公开与专利授权动态，利用专利预警系统实时修正技术方案。

2. 技术路径设计与文档管理

采用"知识产权+商业秘密"双轨制保护。核心算法、实验数据等非公开成果适用商业秘密保护，应通过物理隔离（如加密存储、设置访问权限）、保

密协议及研发日志固化证据链;可以申请专利的技术方案应在公开前完成申请,避免因论文发表或展会披露丧失权利。

研发日志应详细记录技术迭代过程,包括实验数据、设计草稿及会议纪要,采用电子签名与时间戳技术确保证据链完整性,为后续权属争议或侵权抗辩提供支撑。

二、成果保护与转化路径设计

1. 多维保护与权属管理

根据技术特性选择"专利+商标+著作权"组合保护。核心技术申请专利,申请外观设计专利,产品名称或图案注册商标,软件代码进行著作权登记。明确研发成果权属(特别是涉及职务发明的),在劳动合同、委托开发协议中约定职务发明归属规则,避免因人员流动导致技术流失。涉及国家科研项目的,应按政策要求履行知识产权备案与转化义务。

2. 成果转化与商业化路径

制定知识产权运营策略,通过许可(独占/排他/普通许可)、转让或作价入股实现价值变现,交易前需完成尽职调查确保权属清晰。

探索知识产权证券化与质押融资,通过专业评估机构对专利价值量化,联合金融机构设计融资方案,缓解中小企业资金压力。

三、全生命周期风险防控机制

1. 合同管理与供应链合规

采购、代工合同中应嵌入知识产权担保条款,要求供应商承诺技术合法性,并留存权属证明文件;销售合同中明确知识产权地域限制与侵权责任分担,避免跨境贸易中的平行进口纠纷。

涉外合作时,应调查目标国法律政策与行业诉讼案例,提前申请国际专利(如通过PCT途径)或注册马德里商标,结合海关备案实现边境保护。

2. 商业秘密分级与反制措施

建立商业秘密分级制度（核心/重要/一般），设定接触权限与保密期限，对涉密区域（如实验室、数据中心）实行物理隔离与电子监控，减少泄密事件。

对外披露技术信息前，应签订保密协议并约定违约赔偿，同步采用技术手段（数字水印、区块链存证）追踪泄密源头。

3. 证据留存与应急响应

建立研发、采购、销售全流程档案系统，保存合同、发票、物流单据等文件，为合法来源抗辩提供证据支持。

制定知识产权纠纷应急预案，包括侵权监测（定期检索竞品专利与公开信息）、证据固定（公证购买侵权产品）及多元化争议解决机制（诉讼/仲裁/和解）。

企业可将知识产权风险防控嵌入业务链条，实现从"被动应诉"向"主动防御"的战略转型，最终提升技术壁垒与市场竞争力。